人のために生きればいい

善光寺大勧進貫主
瀧口宥誠
Yujo Takiguchi

PHP

人のために生きればいい　目次

第1章

幸せはすぐそばにある

第2章　自分を磨く

第3章　思いやりを持って生きる

第4章　ほんとうの豊かさとは何か

第5章　見えないものを大切に生きる

第1章

幸せはすぐそばにある

幸せを求めなければ、いつも幸せでいられる

なぜ人間は幸せを追い求めたがるのか、わたしには不思議でしかたがない。求めても、幸せは簡単に見つかるものではないし、そもそも求めた先に幸せがあるかどうかもわからない。童話の主人公のチルチルとミチルが、幸せの青い鳥を求めて森の中をさまよった末に、ほんとうの幸せは今いる場所にあるのだと気づくように、まずは現実をしっかり直視することが大事ではないのかな。

幸せの基準は人によってそれぞれだろうけれど、「あなたにとって幸せとはなんですか?」という問いに、上位に上がってくるのが、「健康」「経済的なゆとり」「良い家族関係」の三つだという話を聞いたことがある。お金があって、健康で、家族が仲

良く暮らせる。確かにその三つがそろえば一番の幸せかもしれないけれど、そう何もかも手に入れようと思うのは「欲」と言ってもいいわな。

黄色や緑色の財布を持つとお金がたくさん入ってくるなどという広告を見たことがあるが、そんなものを持ったからといって、別にお金が入ってくる確証はない。ああいうのに世間の人は弱いんやね。これを持てばお金持ちになる。これを持てば幸せになる。こうした人間の弱点に付け込んだコマーシャルが世間に多すぎるように思うな。また、子どもや孫になりすまして、家族からお金を騙《だま》し取る振り込め詐欺《さぎ》にしても、家族の情に付け込んだ犯罪だと思う。

振り込め詐欺なんかは、もっと家族とのつながりや普段からの会話があれば、声を聞き分けることもできるのではないかな。「元気か？」「ちゃんと食事しているか？」など、何気ない日常的なふれあいや会話が大事やね。

幸せに対する願望があるのはいいんだけれど、ありもしない幸せの青い鳥を探し求めるのは、やめたほうがいいように思うよ。いつも青い鳥を追いかけているから、幸福感が乏しくて、現状に不満を募らせることになるわけで、今の生活に満足していれば、取り立てて自分を不幸せだと思うこともない。

だから、幸せになりたいと思うのなら、幸せを求めないことやね。求めなかったら、いつも幸せな気持ちでいられるし、それどころか、弱みに付け込まれて詐欺にあうようなこともないわな。伝教大師最澄《でんぎょうだいしさいちょう》は「照于一隅《しょううにちぐう》」（一隅を照らす）と言われている。自分の置かれている立場や職場において、なくてはならない人になるという意味だけれど、何もあくせく求めなくても、一隅を照らす人になるだけで十分に幸せなんじゃないのかな。

わたしはこれまで、みんなの願いのために祈願し努力してきたせいか、自分の幸せを求めたことはない。けれど、特段、自分を不幸せと思ったこともない。わたしにとっての幸せは何かといえば、伝教大師の言葉にもあるように、「貧しくても衣食住が足りていること」と、あとは、みんなが良くなってほしいという祈りと願いが神仏に通じたら十分。叡南祖賢《えなみそけん》師匠も人（弟子）を育てるのに一生懸命で、自分の欲を口に出したことなど一度もなかったから、満たされているように見えたな。

祖賢師匠の遺墨《いぼく》に「道心之中有衣食」（道心の中に衣食《えじき》あり）という言葉がある。

わたしたちが小僧のころから日常生活の中で耳にタコができるほど聞かされてきた言葉だが、わかりやすく言うと、「坊さんは物に執着してはならない。ウソをつくな。ほんまもんの坊さんは、どんな破れ衣を着ていても、貧しい身なりをしていても相手には通じるものがある。だから上辺だけ着飾ってもあかん」という意味や。

また、「うまいこと美辞麗句を並べただけの説教や講演などは、しないほうがマシ。そんな説教を聞くより、この山に聳《そび》える大きな杉を仰いで、山に来た人が『あぁ、比叡山に来てよかったな』と何かを感じるところがあれば、下手な説教よりはるかに効果がある」とも言っておられた。

だから、わたしも善光寺に来られた人には、善光寺を心と体で感じてもらい、「来てよかった。また来たい」と思ってもらえることが一番の願いやね。

人間らしく生きることが、幸せの根本

幸せとは、その人その人の考え方によって変わってくるのではないのかな。

人間本来、だれしも「衣食住」に満足すれば幸せがあると思いがちだけれども、わたしみたいに個人の幸せを求めない考えの人間もいれば、物やお金を多く持つと幸せだという考えの人もいる。でも、それでほんとうに幸せになるのだろうか。わたしは錯覚、誤解だと思うな。ほんとうの幸せとは、決して物やお金の有無ではない。精神的な「真の安心立命感」の中での暮らしこそが、本当の幸せではないかというのが、わたしの考えやね。

形ある物は目に見える。しかし、幸せは目には見えない。見えるもので見えないものを追うことはできないし、それで満たされることはないと思う。

国連の関連機関が毎年三月二十日の国際幸福デーに、「世界幸福度ランキング」という調査結果を発表しているけれど、二〇二〇年のランキングでは日本は六十二位（「World Happiness Report 2020」より）。しかも、前年よりも四ランク落ちている。世界三位の経済大国であるはずの日本がこのランクであることは、幸福度は経済だけ、お金だけではないことを端的に表していると言える。

何がほんとうの幸せかといった場合、わたしは精神面の問題やと思う。幸せは心で感じるものだから、精神的に充実した生き方をすることで、日々の幸せが感じられるのとちがうかな。言い換えれば、心の充実感が得られるように人間らしく生きることが、幸せの根本ということになるわね。

では、どういう生き方をするのが人間らしいのか、また、ほんとうの充実感を持てるのか。なかなか難しいテーマで、一人ひとりの生き方があるから、正解は一つとは限らないと思うけれど、重要なキーワードは「知足」、すなわち「足《た》るを知る」と言える。

お寺や茶室、庭園の手水《ちょうず》鉢に「吾唯足知」（吾《われ》ただ足るを知る）と彫られているのを目にしたことがある人もいると思うけれど、この「足るを知る」ことが、人間の生き方において大事なことなんやね。人間の欲望には限りがないため、物やお金に執着していたのでは、どんなに物やお金があふれかえる生活を送っていても、充足感や満足感を持てないわな。「もっとたくさん、もっとたくさん」と飢餓感ばかりが募るから。こんな不幸なことはない。

これで十分と足るを知れば、執着心（飢餓感）は薄れ、心に平安が訪れるのではないかな。

わたしの場合は、人の喜びがわたしにとっての幸せであり、生きがいだ。たとえば、弁財天浴酒供《よくしゅく》※1について受法に来た人にそれを教えて、その人が教えられたことを真剣に修法して納得してくれれば、わたしにとってはなによりの喜び。些細《ささい》なことに思えても、家族の団らんや趣味、スポーツといったものに、各人それぞれの中に心の幸せを見つけてはどうだろうか。

今の若い人は、自分がやりたいことをやっているだけで、ほんとうの幸せというものをあまり感じていないように、わたしには見えてしまう。心に幸せ感を持てないから、「今だけ、金だけ、自分だけ」という自己中心の短絡的な考え方に陥《おちい》りやすいのではないかな。

反対に、家が貧しいから将来に夢や希望を持てないし、幸せにもなれないという考えも違うと思うな。貧しくても貧しいなりに希望を持ち、自分から進んで充実した生き方をする努力をしていけば、道は開けると思うね。

※１ 浴酒供

弁財天の化身と言われる宇賀神《うがじん》の像にお酒をかけて灌頂《かんじょう》供養し、檀家や信徒のもろもろの願いをかなえる、天台宗のみで行われてきた修法。著者はその伝法を引きつぐ日本でも数人しかいないうちの一人。

不平不満ばかり言っていたら、不平不満に不平不満が重なるだけ

世の中には、愚痴《ぐち》っぽく、不平不満の多い人がいる。「給料が安い」「仕事がつまらない」など。これは、現状に満足していないからやね。満足していたら、そんなことは思わない。

そういう人はたいてい、「足るを知る」ということがないのとちがうかな。給料が安いなら安いなりに、その中で充実できることを見つければいいし、毎日同じことばかりでつまらないと思える仕事も、やり方によっては楽しくなるのではないかと思う。

自分の努力不足を棚に上げて、不平不満をいくら積み上げたところで、それは不平不満を重ねるだけで、何も解決するはずがない。そのうちその重みで心が潰されて、

人格まで変わってしまうことにもなりかねないし、笑顔が失われ、顔にも表れてしまう。暗い顔で愚痴ばかり聞かされていたら、そんな人と誰が仲良くしたいと思うかな。周りから人がどんどん離れていくと思う。

人間だから、腹の立つことも、気に食わないこともあるのはわかる。でも、不平不満を募らせていく前に、自分はどうなのかと振り返ってみてほしい。ものごとがうまくいかない理由は、案外自分にある場合が多いからね。

考え方が変われば、行動が変わる。行動が変われば、周りが変わる、だから人生も変わる。不平不満ばかり言っているだけでは、何の変化も起きないわけで、どうしても現状に満足できないのなら、考え方や生き方を変える努力・行動をするしかない。考え方、生き方を変えれば、新たな人生も開けてくる。

若いころ、わたしが東京で築地市場の市場新聞の印刷職人をしていたときに、桑の繊維でつくった国防色（カーキ色）の服を着て通勤していたことがある。桑の服は、戦争中から終戦直後にかけて、綿などの服の代用品として製造されたもので、ゴワゴワして、今なら誰も着たいと思わない、いかにも粗末な代物だった。足元はトイレに置かれているような安物の突っかけ下駄。さすがにそんな恰好《かっこう》で電車に乗っている人はいなかったけれども、わたしは平気やったね。

着るものも、履《は》くものもそれしかないのだから、恥ずかしいとも思わなかったな。サラリーマンの平均月収が一万円のときに、四千円しか収入がなくて、そのほとんどが寮費で消えてしまうから、新しい服や靴を買うお金がない。だからといって、愚痴をこぼしても仕方ない。実際に口にしたこともなかったね。

むしろ心の中では、「今にみておれ!」と、自分に対する自負と将来の希望を持っていたからね。その希望を実現するためには、努力しかないとも思っていたな。最終的にはお坊さんになったけれど、当時は画家になるのを夢見ていて、不満というものは全然なかったね。

ちょっとした心の持ち方を変えるだけで、不平不満はなくなるよ。

自分が不幸に思えるのは、人のことばかり見ているから

「コンプレックスで自分に自信を持てないんです」という人がいる。わたしの目から見れば、容姿も悪くないし性格も悪くない、なんら劣等感を抱く必要もないと思うのだけれども、本人はそうは思わないんやね。「自分はこういうところがダメなんだ」などと思い込んでいて、わたしや周りの者がいくら「そんなことはない」と言っても、なかなか劣等感をぬぐい切れないようや。

劣等感を持っている人は、ややもすると、他人のいいところばかりを見て、自分のいいところを見ていないことが多い。他人と比較して、自分のここがダメだ、あそこがダメだなどと悪いところを気にして落ち込み、そして、相手をうらやましがったり

妬《ねた》んだり……。そうやって自分をおとしめたところで、何もいいことはないと思うね。

劣等感を吹き飛ばすには、もっと自分の良いところを見るようにしたらいいと思うね。たとえば、自分はものごとにコツコツと真面目に取り組むタイプだとか、周りからは笑顔が素敵と言われる、人より少し手先が器用だ、パソコンが得意だなど、自分のいい点を一つずつ挙げていったら、劣等感なんてどんどん消えていってしまうのではないかな。

人を育てるのに、短所を指摘して直すよりは、長所を見つけて伸ばすほうが良い。「おまえはここがダメだ。あそこが良くない」などと短所を指摘されつづけたら、誰だって気分が滅入《めい》ってしまい、本来持っている長所まで壊れてしまう可能性があると思うな。それよりは「あなたのここが素晴らしい」などといいところを褒《ほ》めてもらえれば、自分に自信が持て、短所なんて雲散霧消してしまう。

人は人、自分は自分。自分では劣っていると思っているところが、人から見ると、逆に優《すぐ》れているところ、うらやましい長所だったりすることもある。案外自分の長所に気づいていないことも多いものや。

他人をうらやましがるより、自分のいいところやできることだけを見て、なにごとにも自信を持って生きていくようにしてほしいと思うな。

人は身近な幸せに気づかないもの

善光寺は特別に入山料をとるわけでもなく、出入りが自由で、参道が通勤や通学などの道路になっている。犬を連れて散歩する人、ジョギングをする人など、さまざまな人が行き来するけれども、本堂などに手を合わせる人はどれだけいるのかなあ。

一生に一度は善光寺にお参りしたいと、大勢の善男善女がわざわざ遠い所から時間をかけ、足を運び、阿弥陀如来《あみだにょらい》にお祈りをするというのに、地元の通学やジョギングをする人は毎日のように参道を通っているにもかかわらず、阿弥陀さまに頭を下げることや、手を合わすことが少ないように思う。ほんとうにもったいない。ありがたい阿弥陀さまがせっかく善光寺におられるのだから、全く意識しないのは、近すぎて、そのありがたみを感じないのかもしれないな。

わたしはよく言うのだけれど、道路と参道は違う。お参りする道だから「参道」と言うのであって、「道路」とは言わない。善光寺の中の参道を通っているのだから、まず仏さまに手を合わせてほしいね。いくら忙しいと言っても、時間にして五分もからないのだから、道路として使わせてもらっていることへの感謝の心を込めて、手を合わせてもよいのとちがうかな。

善光寺だけでなく、参道が道路（通路）になっている神社仏閣は全国の至る所にある。また、普段歩いている道路沿いや近くに名もないお寺や神社が建っていたりもする。いずれの場合も黙って通り過ぎてしまうのはもったいない話で、ちょっと寄って手を合わせて感謝してみてはどうやろう。悪いことにはならないとわたしは思うな。

ご先祖さまが見ている、神仏が見ている、聞いている

わたしが子どものころは、一つの家に両親と子ども、祖父母が同居する大家族が一般的で、そして、たいていの家には床の間と仏間、神棚があった。床の間は神さまを迎えるところ、仏間は仏さまとご先祖さまを尊崇《そんすう》するところで、日本人の生活には欠かせない場所だった。

悪さをすると仏壇の前に座らされて、「ウソをついても、ご先祖さまが見ている、聞いている」と諭《さと》され、また、ご先祖さまがおられるからと、お墓や仏壇に手を合わせるように教育されてきた。「そんなことしたら、ご先祖さまが悲しむ」と厳しく言われてきたこともよく覚えている。そうやって、ご先祖さまをたえず意識させられて

育ってきたおかげで、あまり無茶なことはしなかったように思うな。

「ご先祖さまが見ている、聞いている」と言ってもピンと来ない人が多いかもしれないけれど、面白い実験結果がある。

ある研究で、「これを食べたらダメだ」「これに触ったらダメだ」と注意したうえで、部屋に子どもを一人だけにしておいたら、その子はどういう行動をとるかという実験をしたらしいんやね。注意だけして誰もいなくなると、子どもは初めのうちこそおとなしくしているものの、そのうちに見ていないとわかったら食べたり、触ったりするようになる。

次に、「見えないけれど、ここに○○さまが座っているからね」と言い置いて部屋を出ていくと、残された子どもは、見られているとの意識からか、絶対に食べたり、触ったりしなかったそうや。その「○○さま」のところに「ご先祖さまや神仏」をあてはめれば、わたしらが親から言われてきたことと同じ。ご先祖さまという存在が、日本人の行動に歯止めをかける役割をしていたことが、この実験結果からもわかるのではないかな。

ちなみに「先祖」というは、自分の両親の親、つまり祖父母から先を言う。さかのぼっていけば、気の遠くなるほど先のご先祖さまから頂いた命であることがわかる。だから、いちばん忘れてはいけないのは、ご先祖さまに対する報恩感謝、自分が生まれてきたことに対する報恩感謝やね。ところが、今は核家族化が進んで、五人家族だったら五人がバラバラに暮らすようになっている。少子化で人口は減っているのに、都会のあちこちでマンションが増えているのも、一人ひとりの住まいが必要だからかもしれないね。

時代とともに、マンションはもちろん、新築の一軒家でも床の間や仏間がつくられなくなり、神棚や仏壇も消えて、ご先祖さまに毎日手を合わすということもなくなってきた。人から頂いたものなども、必ず仏壇の前に一番に供えたものやけど、そんな習慣もなくなってきたね。

個別に暮らすようになれば、親に対する感謝の心も育たなければ、子どもに対するしつけの心も薄くなってくるのは当たり前。先日新幹線に乗っていて驚いたのは、隣の席で夫婦が窓の外の景色も見ずに別々にスマホに見入っていて、二人の会話が全くなかったこと。ひたすら画面を見つめて手を動かしているだけで、これでは旅をしていても、家にいるのと同じではないのかな。子どもがいても、子どもも別々で、三人それぞれがゲームをやっていたりする。交流も会話もなく、これで家族と言えるのやろか。

ご先祖さまを意識することもなく、家族の絆が希薄になった結果、誰にも見られていなかったら何をしてもいいとの心理が働き、平気でウソをついたり、悪いことをしたり、無差別殺人などを起こすようになったとしたら、寂しい話や。見ていたら、なんか自分が勝手に生まれてきたように考えていて、命も粗末にしがち。

時代の歯車は巻き戻せないけれども、なんとか希望を持って生きられる世の中をつくっていかないと、これからの日本はますます悪くなっていくのではないか、と思うね。

誰もが、この世で必要であるから生まれてきた

二〇一六年七月、神奈川県相模原市の知的障がい者福祉施設で、入所者十九人が刃物で殺されるという事件が発生し、日本中に衝撃を与えたことがあった。驚くのはその犯行の動機で、犯人である元施設職員の男は、重度の障がい者を生かすためにかなりの税金がかかっており、安楽死させるべきだという趣旨のことを述べているそうやね。重度の障がい者は生きてる価値がないという。とんでもない話や。

また、二〇一九年十一月に、難病の筋萎縮性側索硬化症（ＡＬＳ）の女性患者が医師二人に依頼して、薬物を投与してもらって安楽死した事件が発覚し、これまた驚かされたわね。ＡＬＳは全身の筋肉が徐々に衰える病気で、絶望した女性がＳＮＳを通

じて安楽死したいと訴えていたらしい。これをきっかけに、人間としての尊厳を守ることと生きることについて議論が起きたけれど、どういう理由があろうとも、自らの命は絶対に大事にしないといけないと思うよ。

いかなる人間でも、たとえ重度の障がいを持つ人であっても、この世で果たさなければならない仕事（役割）があるから生まれてきたのであって、この世に不必要な人は生まれてくることはない。仏教ではすべて必然。偶然ではなく、その人の使命がちゃんとあってこの世に生まれてきているのであり、必要があって神仏に生かされているのだと思う。

だから、厳しい言い方をするようだけれど、病気で難儀をしていても、生まれてきたかぎりは、果たすべき使命を果たす必要があるわけで、その使命が何かは自分で見極めないといけないと思う。

わたしの知り合いで、左手が不自由な僧侶の方がいる。その方が「（お経の）『大般《だいはん》若理趣分《にゃりしゅぶん》』※2を唱えたいのですが、両手で印を結べないので、あきらめました」と言ってこられたことがある。そのときわたしは、「両手でできなければ、片手を合掌の形にして、心の中に印を描き勤行《ごんぎょう》すればいい。心の中では、どんな印も結ぶことができる。手が動かんかったら、動かしていると心の中で観想（神仏を感じて思い描く）してやったらいい」と話した。その方は、納得できたのか、それ以来毎日、人の願いを仏さまに届けるため、『大般若理趣分』を唱えているそうや。

障がいのある人本人の葛藤は想像するに余りあるものの、その人生をがんばって生かさない手はないと思う。自分で自分を大切にするのはもちろんのこと、自分以外の人も大切にする気持ちを持つことやね。そうやってスポーツやビジネス、芸術、学問など、さまざまな分野で活躍している障がいのある人はたくさんおられる。

一人ひとりが役割を与えられて生まれてくるということは、言葉を換えれば、なんらコンプレックスを感じる必要はないとも言える。

天台宗では、「一切有情《うじょう》は皆悉《ことごと》く成仏し、一として成（仏）せざるは無し」、つまり、一人として仏になれない人はいないという伝教大師の教えをもとに、誰もが仏になる資格を有していると教えている。また、天台論義集に出てくる「仏種礼拝」「山川草木悉皆成仏《さんせんそうもくしつかいじょうぶつ》」という言葉は、簡潔に言えば、虫も、草木も、山も、川も何もかもみな成仏すると言っている。

一人ひとりに平等に役割を与えられて生まれてくるように、死ぬときも平等ということ。さまざまなハンディキャップを持って生きるのはしんどいだろうけれど、わたしが言えるのは、がんばって自分の人生を生きてほしいということ。そうすることで、来世はきっと良くなると思うね。

※2 大般若理趣分

お経の大般若経は600巻あり、その578巻目を大般若理趣分といい、とても重要なお経とされている。手を使った印を結ぶ手法（神仏との手話みたいなもの）を行ないながら唱える。

満たされていることは、何もないのと同じ

日本でいちばん有名なお経である般若心経《はんにゃしんぎょう》には、「無」と「空」という言葉が繰り返し何度も登場する。「無」と「空」とは、苦しみや悩みがないことを「無」と言う人もいるし、「空」と言う人もいる。ただ、「無」とか「空」と言われても、一般の人にはピンとこないのとちがうかな。

厳密に言うと「無」と「空」は違う概念だけれど、詳しく説明しだすとわかりにくくなるので、ここではざっくりとお話しする。

わたしは、「無」と「空」は満タンの「空」であり、満タンの「無」ではないかと思っている。自動車のガソリンでも、満タンに入れたらそれ以上入らないわな。その

「ない」が「無」。他方、満杯になっているのが「空」。何にもないのが「空」のように思ったり、欲のないのが「無」のように思うけれども、それは言葉の綾《あや》のように思う。

　わたしは今でこそ一滴もお酒を飲まないけれど、若いころは大酒飲みやった。聞くところによると、立ち飲み屋へ行くお酒好きの人は、店の人がコップに盛り上がるほどなみなみとお酒を注いでくれて、ちょっと溢れさせて受け皿の底に溜まるほど入れてくれるのが、何とも得したようでうれしいという。まずコップの酒を飲み、最後に受け皿のまで飲んで、何ともいえず満たされた気持ちになるようやね。

　ところが、店によって溢れるほどお酒を入れてくれないところもある。するとお客は満たされない気持ちになり、なんとケチな店なんだろうと不満に思う。お客にすれば、溢れることに執着するのやね。

　この、コップに溢れるほどお酒が入っているのが「無」であり、「空」。なぜなら、満たされていることは、それ以上は満たされないという意味で、何もないことでもある。言い換えれば、何にもないことと満たされていることとは、実は一緒ということやね。わたしは、「無」と「空」をそう解釈している。

一般の人でも、これ以上いらないとなったら、それは「無」と「空」の世界。「もっと欲しい」となるのは、満たされていなくて中途半端だからではないかな。

「前世・現世・来世」が「昨日・今日・明日」に変わった

時代がせっかちになったせいか、今の若い人はなにごとも「昨日・今日・明日」という短い時間軸の中でとらえているような気がする。まるで今日のこの瞬間さえ楽しければいいという、刹那《せつな》的な生き方をしているようにさえ思えてならない。

わたしが小さいころよく聞かされたのは、前世・現世・来世という話。つまり、前世があって、その結果として現世があり、現世の結果が来世に現れるという、長い時間軸の中で生きていた。

江戸時代には、人間はすべて北斗七星の中の星から、衣食住やお金をもらって生まれてきたという本まであったらしく、そこには、前世は何で、どういう星から生まれ、現世はこう、どういう病気をして死ぬ、そんなことまで書いてあったというんやね。

北斗七星の話はともかくとして、前世や来世の存在が信じられていた時代は、来世で苦しむことがないように、現世ではちゃんと生きようという「身の処し方」に、ある種の歯止めがかかっていた。

前世・現世・来世という考えが宗教的と思われたのか、戦後になって、過去・現在・未来という考え方に変わってきた。それとともに、生きている今がよければいいという、現在だけを大事にするようになったように思う。本来、過去を大事にするのはご先祖さまを大事にすることであり、未来を大事にするのは、将来の自分や子孫を大事にすることであるのに、過去と未来の部分が薄くなって、現在の部分が強くなってきているのではないかな。

昔から、その生まれ年の干支《えと》によって運勢が異なることはよく知られている。たとえば、〝牛に引かれて善光寺参り〟で有名な「牛」にちなんで、丑《うし》(牛)年生まれに

ついて、高島易断所総本部編纂『高島秘伝　開運之秘訣　十二支一代之運勢』を見てみると、

丑（牛）年の（前世・今世・来世の）三世相については、

「前生（過去）は赤帝の御子なり。北斗のこもん星より米一石五斗と金子《きんす》六貫目をうけて今生に生る。才気ありて弁舌よく、応対事をよくす。万事に敏《さと》く細工事には器用なり。また夫婦の縁は初めは離別する事あり。身の上は初め良く、中年に衰え、中年過ぎよりまた仕合せ（幸福）になり、老て富貴繁昌となるべし。子供は四人あれども二人は短命にて先立つ事あり。老いて一人の子の力を得べし、十八歳にて命危きことあり、七十三歳か八十二歳頃要注意。釈迦如来は寿命を守り、普賢《ふげん》菩薩は福徳をあたえ、文殊《もんじゅ》菩薩は智慧をあたえ賜う。一説に曰《いわ》く、丑（牛）年は父母に孝あり、貴人に近づき衣食つきること無し、生れ付き力つよく心静かなり」とある。

つまり、前世、現（今）世、来世はしっかりつながっており、切っても切れない関係だということ。

最近は「現在」を強調するあまり、もっと短くなって、「昨日・今日・明日」になっている感じがする。だから、冒頭で述べたように、今日さえよければいい、自分さえよければいい、人はどうでもいいというような、刹那的な生き方に変わってきているのではないかな。前世や来世のことは全く意識になく、この世だけで考えるから、暮らし方が間違ってきているように思うね。

何が良くて、何が悪いかを、家でも学校でも教えなくなっているから、今は、親やご先祖さまを大事にしよう、また、来世はもっと良くしたいと思うのなら現世をしっかり生きようくらいは、子どもに教えてもいいのではないかな。

わたしは現世で厳しい行《ぎょう》をして、人のために祈らなければならない生活を送っているということは、前世ではよほど悪いことをしたのかなと思っている。前世で良いことをしていたら、坊さんにならなくて普通の暮らしをしていたかもしれないね。

だからといって、坊さんになったことを後悔しているわけではない。それどころか、わたしは来世を信じており、その来世でも坊さんを続けたい、もう一度小僧からやり直して、「もっと世のため人のために尽くせる」ようなお坊さんになりたいと思っている。

第2章

自分を磨く

これからは自分で自分を磨く教育が大事になってくる

教育は「国家百年の大計」と言って、国にとって大事なことだけれど、今はその教育が難しい時代になっていると聞く。先生がちょっと厳しく生徒を指導したら、「パワハラ（パワーハラスメント）だ」「体罰だ」などとマスコミや保護者など周りから非難されるから、ゲンコツも辞さない熱血指導などというのは、もう過去の話やね。

学生野球の指導者を目指している元メジャーリーガーのイチロー氏が、自分が主催する少年野球大会の表彰式のあいさつで、次のような趣旨のことを話しているのをテレビで見たことがある。

「先生よりも生徒のほうが、力関係が強くなってしまって、厳しく教えることが難しい時代になってきた。先生から教わる大切なことはたくさんあるというのに、誰がどうやって教育するのだろうと心配している。最終的には、自分で自分のことを教育しなくてはいけない時代に入ってきたのだなと思う」と。

さすがに世界的な一流のアスリートだけあって、含蓄《がんちく》のあることを言うわな。わたしもまったく同感や。

一昔前だったら教育者、指導者がいて、叩《たた》かれようが、怒鳴られようが、その人に従って習うのが当たり前だった。わたしの場合でいえば、叡南祖賢師匠という立派な指導者に恵まれ、厳しく教育されたおかげで、現在のわたしがあると思っている。

師匠は、厳しい中にも「相手を立派に育てたい」と思う心を持っておられたから、わたしも、ほかの弟子たちも何とか師匠の気持ちに応えようと、進んで修行や勉強に打ち込んだものやった。八十七歳を超したこの歳でも、僧侶として、人間として何が良くて何が悪いかがわかっているのは、師匠から僧侶としての基本を徹底的に叩き込まれたからで、未だに感謝の念でいっぱいやね。

感情的な暴力は論外としても、教えるべきことを教えて指導する人がいないと、人間は立派に育たないと思うし、人の質もだんだん落ちていく。仏教に限らず、どんな世界においても、教えてもらわないとわからないことが多々あるからね。特に若いうちに、人間としてこうあるべきだという基本の振舞いを叩き込まれて、身につけることが大事。いくら仕事ができても、いくら能力がすぐれていても、人間として絶対にやってはいけないことをやるようではダメ。どういう理由があろうとも、悪いことは悪いとケジメがつけられないようでは、人間失格と言われても仕方ないし、何をやってもうまくいかないと思うよ。

もはや体罰をいとわない厳しい指導が無理である以上、イチロー氏の言う、自分で自分を教育することが重要になってくる。口で言うのは簡単だけれども、一つひとつのものごとに対してどうすべきかを、すべて自分で勉強して答えを見つけていくとなると、それだけ自分で自分を磨かないとダメだということ。見方によったら、より難しい時代になったとも言えるね。

　自分で自分を教育するこれからの時代には、自分に厳しく、自らを磨こうとする自覚を持ちつづけ、さまざまな誘惑に打ち克って自分磨きの努力をした人が成功していくのではないかな。

自分から考えて、進んでやってみる

自分から進んで行うことを「自発」と言うわね。社会の中で生きていくには、この自発の心が大事。

今の子は親に甘やかされて育てられ、親が何でもしてくれるから、自分から何かをやろうとする自発性が欠けているように思う。たとえば、言われたことはするけれども、言われないことはしない。「こうしたら良いのではないか」と頭を巡らせて、自分から進んですることが少なくなってきたのではないかな。

わたしが小僧生活をしていたときは、師匠や先輩に細かく言われなくても、こういうことがあれば、こうしなければならない、あるいは、こうあるべきではないかと、先々のことを考えて生活してきた。やるべきことは先んじてする。指示を待っていたら、師匠や先輩から怒鳴られるだけやから、注意される前に自分からやろうと、常に神経を張り巡らせて日々を送っていたな。

わたしの師匠である叡南祖賢師という人は、そこにおられるだけで弟子の背筋がピンと伸びるほど厳しい人やった。怒ると自分の手が痛いからといって、手元の火箸《ひばし》で弟子の頭を叩《たた》くこともあったな。今ならパワハラにあたるかもしれないけれども、当時はそれが普通。また、叩かれたほうも、師匠を尊敬していたから、誰も文句を言わなかった。それに、悪いことをしたから叩かれるのであって、良いことをしているかぎりは叩かれないわね。

わたしはなぜか一度も師匠に叩かれたことはなかったが、兄弟子たちは「そう言えば、おまえだけは叩かれたことがいっぺんもないな」と不思議がっていたくらいだった。わたしとしては叩かれるのは痛いしイヤだけれども、ほかの弟子仲間が火箸で叩かれるのを目の前で見ているのもつらくて、自分も同じように叩かれたほうが気持ちが楽だ、と思ったな。

叩かれなかったのは、特別に師匠にえこひいきされたとか、可愛がってもらったわけではなくて、ただ、叩かれるようなことはしなかっただけかもしれないな。

師匠に仕えていたときは、師匠は何を考えているかがだいたいわかったので、師匠が何か言われる前にさっと動くように心がけてきた。たとえば、師匠が外出から戻って来られたときには、「喉《のど》が渇いているのではないか」とお茶を用意する。脱がれた履き物は、所定の位置に片づける。部屋にごみが落ちていたら、さっさと掃除をするなど、師匠から指示される前に先に先に自発的にするように努力し、もしわからないことがあるときには、勝手にすることはせずに、「どうしましょう?」と師匠に必ず聞いて、確認してからするようにしてきたなあ。だから、師匠も怒りようがなかったのではないかと思う。

一般社会も同じこと。会社の上司やお客さまなどが何を考えているのか、何を求めているかを、頭を働かせて察知し、それに応えるような仕事をすれば、相手に喜ばれ、「こいつは気が利《き》く」と評価されて、きっと地位も業績も上がっていく。
人づきあいも、こうすることでうまくいくのとちがうかな。

便利なものに頼りすぎると、自分で考えなくなる

手塚治虫氏のマンガ『鉄腕アトム』に描かれていた空想の世界が、次々と形になり、信じられないほど便利な世の中になったね。

ドアは自動で開いてくれるし、階段は歩かなくてもエスカレーターで昇り降りできる。誰かに連絡をしたければ、手持ちのスマートフォンで電話やメールができるし、欲しい情報はインターネットで世界中から集めることができる。自動車も自動運転で目的地まで運んでくれるのは時間の問題。月旅行も現実化しつつある。この先、人間は食べて寝るだけの存在になってしまうのではないかと心配になるほどやね。

その食べるものにしても、お湯を注げばラーメンはできるし、カレーだってお湯に

浸けて温めるだけ。主食のご飯も電子レンジでチンすれば出来上がる。そのうえ、消費者が健康を気にするようになったら、減塩だ、カロリーオフだなどと、メーカーが身体にいい食品を次々に発売してくれる。何から何まで至れり尽くせり。

わたしもそうした便利なものの恩恵に与《あずか》っている一人だし、今さら時代を後戻りさせられないけれども、それらに頼ってばかりいていいのか、考えさせられる。ひと昔前までは、味噌汁もすまし汁も塩辛かったら、水で薄めるなどして減塩した。ご飯を薪《まき》で炊くのでも、「初めちょろちょろ、中ぱっぱ、赤子泣いても蓋《ふた》取るな」などとそれなりの工夫がいった。

ところが、メーカーが何もかも用意してくれるから、自分で創意工夫したり、考える力が弱くなる一方で、問題解決能力も鍛えられないわな。現に若い人に任せると、庭の掃除ひとつできないことがある。どうやればいいか、指示されないとわからなくなるんやね。

このまま時代が進むと、そのうち、難しいことはすべてロボットやＡＩ任せという時代になるかもしれない。
人間がロボットやＡＩに使われるとしたら、怖い話やね。

信用するということは、任せるということ

人を育てるというのは、相手を信用して任せることが基本。

山本《やまもと》五十六《いそろく》元帥《げんすい》も、「やってみせ、言って聞かせて、させてみせ、ほめてやらねば、人は動かじ。話し合い、耳を傾け、承認し、任せてやらねば、人は育たず。やっている、姿を感謝で見守って、信頼せねば、人は実らず」という名言を残しているわね。

わたしは昔からあまりものごとにこだわるほうではなくて、自分の弟子にしても、誰にしても、人を信用する気持ちが強く、信用した以上は、なにごともその人の判断に任せてきた。「最後は自分が責任を取る」と腹をくくったら、ちゃんとできている

かと疑って相手の言動をいちいち細かくチェックせず、相手を信用して任せたほうがずっと楽やからね。

たとえばわたしら住職は、昔から小僧部屋を覗《のぞ》かない約束になっていて、勝手に部屋のとびらを開けたりはしないし、中に入ることもしない。本人を信用して、部屋での過ごし方については任せているわけやね。わたしとしては、自分の将来のためになる経本や資料を読んで仏さまのことを研究するとか、ここの寺でしか学べないことを勉強するなど、自分を高める時間に使ってほしいというのが希望だが、どう過ごすかは本人次第。昨今はスマートフォンでゲームをしている小僧も多いと聞く。これも時代の流れとはいえ、修行僧としては感心できないね。

任せた以上は、それをとやかく言ってもしかたがない。逆に言えば、任せるということは、任されたほうもそれだけ責任が重いということ。信用して任せてくれた人の信頼をいいことに好き勝手なことをするのか、あるいは、信頼に応えようと一生懸命に努力するのか。言うまでもなく、後者が人としての道やわな。

また、信頼に応えようとがんばってこそ、本人の成長につながるし、任せた人間との信頼関係も深まるというもの。それが人生の成功にもつながると思う。

厳しくしたほうが立派に育つ

師匠に叩かれたことがないかわりに、失敗して怒られたり、注意されたりしたことはあるけれど、褒められたことも記憶にないな。そもそも師匠はあまり弟子を褒める人ではなかった。

弟子には内弟子と、よその寺から頼まれる預かり弟子とがあって、わたしたちは祖賢師匠の内弟子にあたる。他方で、人望の厚い師匠の下には、預かり弟子も少なくなかった。その預かり弟子が新しく入ってくると、祖賢師匠は「おまえが世話をせい！」と、なぜだかわからないが、まだ小僧だったわたしに託されることが多かった。兄弟子がいっぱいいる中で、新人の教育係をさせられていた。

わたしが遊ばないようにという配慮からだったのか、理由は聞かなかったけれど、おかげで初めて住職に就いたときには、師匠から三人の預かり弟子の育成を任された。住職になった最初から弟子を持っていたのは、珍しかった。

弁天堂の輪番をしていた三十代のころは、口で言ってもわからないときは、引っぱたいてでも厳しく教育した。坊さんの修行は一歩間違うと命に関わってくるから、生半可な指導をしたのではかえって弟子たちを危険にさらす可能性もあるわけで、教える側も必死やった。

しかし、時代の流れもあって、指導法も変えた。弟子たちは親元を離れて一人で比叡山へ修行に来ており、寂しいだろうと思って、家族よりも大事にし、叩くこともしなくなった。

指導が緩くなっても、教えるべきことは教えたつもりだけれど、結果的には厳しく指導した弟子のほうが真っ当なお坊さんになっている。愛情を込めて、家族と同じような扱いをして育てた弟子のほうが、期待外れの結果になっている。中には造反した弟子もいて、破門したこともある。

褒めて育てるか、厳しく育てるかと言えば、わたしの経験では後者やね。良いことをしたら褒めたらいいけれど、悪いことは厳しく注意する必要がある。鳥の羽と一緒で、片方だけでは飛べない。良いところは伸ばしたらいいし、悪いところは直すように指導して、両翼で飛べるようにしていかないと人は育たないのやないかな。

厳しく注意することで相手の反感を買うかもしれないけれど、その言葉を覚えていて、いつか「あのとき、厳しく言ってもらってありがたかった」と、きっと感謝される日が来ると思うね。

要領のいい人間、調子のいい人間は、必ずどこかでつまずく

世間では要領のいい人間は出世が早いという話を聞くが、ほんとうだろうかと疑問に思うね。お坊さんの世界にも、一般の社会と変わらずに要領のいい人間はいたけれど、わたしは決して好きになれない。

小僧時代、兄弟子・兄弟弟子を合わせて、多いときで三十人近く、少ないときでも十人くらいが、祖賢師匠の持つ五つくらいの寺に分宿して共同生活を送っていた。わたしが暮らしていたのは比叡山麓の律院《りついん》というお寺で、共同生活をしていると、兄弟子の中にもいろいろなタイプがいることがわかってくる。

わたしが嫌いだったタイプは、次の三つ。一つは、自分では何もやらずに「あれを

せよ」「これをせよ」と下の者に命令するだけの人間、二つめが、師匠の前でだけええかっこをする要領のいい人間、三つめがウソをつく人間。なかでも、上にはペコペコして下には厳しい、要領のいい人間は大嫌いだったね。

律院では毎朝、夜明け前の四時くらいから起きだして、外がまだ暗い中で、朝の勤行《おつとめ》が終わるとすぐ、本堂から庫裡《くり》までをきれいに掃除し雑巾をかける。それを終えると、師匠が来られたときにはお茶が飲めるように、囲炉裏《いろり》に炭をおこしてお湯を沸かし、お茶出しの用意をする。

そうこうするうちに空が明るくなってきたら、次は外の掃除。庭や通路などを掃き終えてホッと一服していると、近くに住む師匠がいつも八時ごろに律院に顔を出される。要領のいい兄弟子はその時間を見計らって雑巾を手に現れ、すでに掃除をし終えた場所をちょこちょこと拭いて、いかにも掃除をやっていますというふりをする。それを見た師匠から、「兄弟子が掃除をやっているのに、おまえらは休んで何しているんや」と叱られてしまう。

わたしらにしたら師匠に誤解されて、腹立たしいやら、情けないやらで、実状を訴えたい気持ちになるけれど、比叡山の暗黙のルールで、兄弟子に反論するわけにはいかない。下の者はいっさい師匠に告げ口をすることは許されていない。ほんとうのことを告げられないから、じっと我慢するしかなかったなあ。

わたしはそういうイヤな思いをしているから、自分が小僧頭になったときには、兄弟子を反面教師にして、掃除でも何でも率先垂範して自分からするようにした。草取りから何からすべて、「わたしもするから、君たちもするように」と言って、やり方を教えた。そうでなかったら、下の者は誰もついてこないからね。

自分の弟子にも、要領がいいだけの人間には絶対になってはいけないと厳しく戒めて、違反するとグーで「ゴツン！」といったこともあった。要領のいい人間は、自分では組織の中をスイスイと上手に泳いでいるつもりだろうけれど、下の者はみな見てるわな。

そういう人間に対して腹の底では尊敬していないから、どこかでしっぺ返しを食らい、出世から引きずり降ろされるはめになる。神仏は見ているから、決していい人生を送れないと思うな。

いじめに負けない勇気を持とう

学校でいじめられて登校拒否になったり、最悪の場合、追い詰められて自殺（自死）する子もいるというのをニュースで見たりするたびに、そうなる前に何か解決策はなかったのか、今の学校教育はいったいどうなっているのかと心が痛むね。

わたしらの子どものころも、もちろんいじめがなかったわけではないけれど、今のように陰湿ではなかったね。まだ、「そういうことをしたら良くないよ」と、仲間内で止める正義感の強い子がいた。だから、相手を自殺にまで追い込むようなひどいことにはあまりならなかった。

今は止める人間がいないから、どんどんエスカレートしていくのとちがうかな。もともといじめというのはたぶんに嗜虐《しぎゃく》的な一面があって、いじめる側はそういうことをするのが楽しいとか、面白いと思ってやっている節がある。しかも、たいていは集団で一人の子をいじめるパターンが多いから、集団心理が働いて、ますます陰湿で嗜虐的になっていくのだと思う。

いじめられる側の人間にしたら、たまったもんではない。周りも、関わらないほうがいいと、見て見ぬふりをして誰も救いの手を差し伸べようとしないという話だから、ますます追い詰められることになる。時代のせいか、教育のせいか、いじめを注意する熱血漢がいなくなったということもあるだろうし、かといって、相手の反省を期待しても、嗜虐を楽しんでいるから無理だろうし、どのいじめもケース・バイ・ケースで、こうしたら良いという正解は思い浮かばないけれど、わたしにアドバイスできるとしたら、「生き方を変えなさい」ということやね。

言葉は悪いけれども、あまり「真面目」ということにとらわれないほうがいいのとちがうかな。一般的にいじめられるのは、だいたいおとなしくて真面目な人間のように思う。横着な人間、ケンカが強い人間のほうがあまりいじめられないかもしれないね。

自ら死を選ぶ勇気を、ぜひいじめに負けない勇気に変えてほしい。努力をすれば、自分の生き方を変えて、自分をもっと強くする方向に持っていくことはできると思うよ。

伝教大師の教えに、「忘己利他《もうこりた》」というのがある。己を忘れて、人のためになることをしなさいという教えで、簡単に言えば、思いやりを持って生きなさいということ。いまは、我利我利亡者《がりがりもうじゃ》ばかりが増えているように思う。学校でも家庭でも、ぜひ、この「忘己利他」の精神を子どもたちに教えてほしいね。そうすれば、死に追いやるまでの陰湿ないじめは減るのではないかな。また、いじめが学校で表面化したら、「そういうことはやめましょう」という声が出るようになるのではないかな。

貧しい食事でも食べられるだけ幸せ

わたしら小僧は、共同生活をしながら祖賢師匠に厳しく教育されてきたが、その厳しさたるや食事にも表れていた。

わたしらが食べてきたものは、最低の低。普段の食事でいえば、朝はおかゆと梅干し一個。梅干しがなかったら、沢庵《たくあん》（比叡山では定心房《じょうしんぼう》という）が二切れ。それ以外のおかずはなく、味噌汁が付けば良いほうだったな。

新たに人数が一人増えたら、おかゆを炊いている大きな鍋に柄杓《ひしゃく》の水を一杯加えるだけ。二人増えたら、柄杓の水が二杯になる。おかゆの米の量は一緒だから、人の数が増えるたびに中身が薄くなっていくだけで、よく顔が映るなどとぼやいていた。切羽詰まると、同じ器なのに隣の器にいっぱい入っているように見えたほどだった。

当時は朝と夜の一日二食で、昼食なんてものは出ない。当然、比叡山高校や叡山学院へ行っていたときも、弁当は持たせてもらえないし、小遣いももらえなかった。まだ十代だから、腹がすく。だけど、弁当も小遣いもないため、お昼を食べたくても食べようがないから、我慢するしかなかったな。

わたしの場合はありがたいことに、裕福な家庭の息子と友だちだったおかげで、弁当がないのを知っている彼が、いつも揚げパンを一個ご馳走してくれた。お腹がいっぱいになるまでにはいかなかったけれど、揚げパン一個をほおばるときの何とも幸せな気持ちは、七十年経った今でも鮮明に覚えている。もっとも、揚げパン一個だったから、強い印象に残っているんだろうね。もし、好きなだけ食べられたなら、大好きでも、あれほどおいしいとは思わなかったやろうな。

わたしは食べられるだけで幸せやった。同じ小僧仲間の中には、弁当はないし、パンを買うお金もないため、空腹のあまり、ほかの生徒の弁当を黙って食べる人間もいた。食べられたほうは、たまったものではなかっただろうね。

　夕飯は朝食と大して変わりがなく、ご飯と味噌汁に、おかずは沢庵二切れで終わり。ちゃんとしたものが食べられるようになるのは自分が住職になってからやね。それまでの十年間の小僧生活は、一日二食の粗食に耐えながら、師匠が数カ寺を再建復興されていたことから、土木工事のような仕事もしていたわけで、われながらよく身体が持ったものだと今でも思う。

　師匠は食を削ってでも、いい坊さんを育てたいと弟子の育成に力を入れておられ、貧しい食生活については、「これは、おまえたちが将来どんな貧しい寺に行くかわからないから、どんな貧乏な世界でも生活できる人間をつくっているのだ」と言われたことがある。そのときは「うまいこと言うな」と思ったけれど、あとで「そのとおりだ」と実感させられたね。

　三重県の湯の山温泉の中に、三嶽寺《さんがくじ》というお寺がある。台風のため土砂崩れで崩壊し、トタン屋根の仮屋が二棟建っているだけのその寺へ、再建のために三人の弟子を連れて住職として行った。一九七三（昭和四十八）年のことで、檀家は一軒しかなく、比叡山時代の信者からの差し入れで細々と食をつなぐのが精いっぱいで、様々な修行もなかなか大変だった。お米をいただいても先に仏さまにあげたあと、お下がりをいただくので、焚いたお香の匂いがきつくて食べられたものではない。わたしは平気やったけれど、弟子は「いつになったら普通のご飯が食べられるのか」と嘆いていたくらい、貧しい生活を送っていた。

山育ちのわたしは自然に生える多くの山菜やキノコを知っていて、食べられるか食べられないかを見分けられたわね。たとえば、雪が消えたら山に入ってフキノトウ、コシアブラやワラビ、ゼンマイなどの山菜を採った。山中の清流に出るワサビの芽がいちばん最初だが、それ以外にも食べられるものはたくさんある。そういう山の幸を摘んできて、料理して弟子たちに食べさせてなんとかしのいだ。この苦しい状況をどうにか乗り越えられたのも、師匠の言われたとおり、小僧時代に粗食生活に耐えたおかげといえるね。

飽食時代の今日から見れば、小僧時代は想像もつかないほど厳しい食事だったけれど、それでも当時としては食べられるだけましやった。

今は物がありすぎて、ほんとうのおいしさはわからないと思うね。もっとも、わたしらが厳しい修行時代においしいと思って食べたものも、今はあまりおいしいとは思わなくなった。

今は、「グルメ、グルメ」と言って、よりおいしいものを求める時代。それだけ贅沢になったということやね。

人間、謝ったら許す心を持とう

人間は誰しも失敗やミスをする。そのとき、失敗やミスを素直に認めて謝ればいいものを、責任を追及されたり、叱責《しっせき》されるのがイヤで、ついつい隠そうとしたり、「ああだ」「こうだ」と言い訳を並べて他人のせいにしたりして、ごまかそうとしがちになる。けれど、人間は隠したところで、「天網恢恢疎《てんもうかいかいそ》にして漏らさず」という格言があるとおり、神仏が見ておられるからたいていはバレるんやね。

企業の不祥事でも、素直に公表して謝罪しておけば大事にならずにすんだのに、下手に隠蔽しようとした結果、ボヤが大火事になったような例はいくらでもある。

隠そうとするのは、先にも言ったように、不祥事が発覚したときに上の人から怒られたり、弁償させられたり、なんらかの責任を取らされるのが怖いから。ひょっとしたら会社をクビになるかもしれないとか、多額のお金を請求されるかもしれないと考えたら、隠そうとする心理もわからなくもない。自分の不祥事を告げるにはそれだけ勇気がいるわけで、隠蔽をなくそうとするには、不祥事を報告しやすい組織にすることが大切なことだと言えるのではないかな。

その点、祖賢師匠は偉かった。お寺の中に置いてあるどんなに大事なものでも、どんなに高価なものでも、弟子が何かの拍子で壊したときは、当人が「申し訳ございません」と正直に謝ったら、絶対に怒ることはしなかったな。たとえば陶器などを壊した場合などは、

「数を、増やさんでもいいよ」

そう冗談を言って済ませたなあ。しつこく責任を追及することも、大声で怒鳴ることもしなかった。そのかわり、壊したことを隠したり、ごまかそうとしたりしたら、烈火のごとく怒られた。周りの者も震え上がるほど。だから、みな正直に話すように

なっていったね。

わたしも律院にいた当時、金箔が塗られた宝物を真鍮《しんちゅう》だと思って磨きをかけていたら、たまたまそこへ通りがかった師匠が飛んでこられた。どうやらそれは本物の金製品だったようで、「こら、こら、それはあかーん」と怒られたけれど、謝ったらそれ以上は何も言われなんだな。そのときの傷跡は律院本堂に今も残っていると思う。

わたしは思い出すたびに、師匠はなんと広い心の持ち主なのだろうと頭の下がる思いがする。師匠にしたら、それも弟子に対する教育の一環だったのかもしれないな。ウソはつくな。素直に、正直に生きなさいということを教えようとされていたのだと思う。

失敗を許すというのは、簡単なようで難しい。つい大声で叱り飛ばし、厳しく責任を追及しようとなりがちやけど、ネチネチと執念深く責めて、いつまでも許さないのは心が貧しいからだろうと思うね。もし上司や親がそういうタイプであったら、部下も、子どももつらいわな。失敗やミス、事故などを起こした場合、どういう責任を取らされるかわからないとなると、正直に報告することに躊躇して、結果、隠蔽するように追い込んでしまうのではないかな。

　相手が謝ったら広い心で失敗やミスを許してこそ、本人も反省するし、失敗への素早い対応も可能になると思うな。わたしも師匠を見習って、誰かが間違いを起こしても、素直に謝れば怒ることはしなかった。ただ、それが相手を甘やかす結果にもなりかねないので、反省の意味を込めて、一面では師匠のように厳しさを持ち合わせていることが必要だと思っている。

　ただし、誠意とは態度や行動で示すもの。失敗したら言葉で謝ることも必要だが、それとともに謝意を態度で示すことも必要。本当に心から謝っているのかも見ないとあかんね。

叱り方にもルールがある

パワハラが問題になったときに、よく、「指導」か「パワハラ」かの判断でもめるそうやね。加害者のほうは「指導のつもりでした」と言い、被害者のほうは「パワハラだった」と主張するが、その境界が曖昧模糊《あいまいもこ》としていると言える。

わたしが思うに、厳しい指導とパワハラとは何が違うかと言えば、根底に愛情があるかないかではないかと思っている。愛情と感情は別もので、感情は思いのままだけれど、愛情は心からのもの。愛情から叩かれても、腹は立たないが、感情で叩かれたら反発するのは、人間としての自然な反応だと言えるわね。体罰についても、生徒がほんとうに悪いことをしたのなら仕方がないと思うけれど、自分の感情でやるのはよくないな。

比叡山高校に通っていた当時、特によく叩く先生が二人いた。仮にA先生、B先生とすると、A先生は悪いことをした生徒を、ほかの生徒からは見えない別の場所へ連れていって、

「坊さんがそんなことしたらダメだろ！」

と諭して叩いた。これは教育的指導だし、生徒をよくしたいという愛情が感じられるから、わたしも何べんも叩かれたことがあるけれど、少しも腹が立たなんだ。叩かれるようなことをしたこちらが悪いんだから、怨《うら》みは全くないわな。

もう一人のB先生は、女子生徒などみんながいる前で叩く。多感な思春期のころだから、女の子の目の前で叩かれるのは屈辱的で、顔から火が吹き出るほど恥ずかしかった。いくら悪いのは自分だとわかっていても、「みんなの前で恥をかかされた」という怒りとともに、怨みが強く残ったのを記憶している。

卒業を控えたあるとき、わたしらの仲間の一人がそのB先生にみんなの前で殴られ

た。仲間が恥をかかされたので、明日、兄弟子とわたし、二人で抗議しようとなったんやね。翌日、B先生の家へ行って呼び出し、兄弟子と一緒にB先生に仕返しをした。若気の至りとはいえ、後ろめたさがあるから、

「人前で恥をかかせた先生が悪い。それを抗議しに来たんや。絶対に学校で問題にしたらあかんぞ！」

と強く口止めをしたのだけれど、B先生はそのとき約束はしたものの、よほど我慢ならなかったのか、比叡山延暦寺の坊さんである校長先生に報告し、祖賢師匠の耳にも入った。先生に暴力をふるったのだから、弟子をクビにされる覚悟をしたけれど、師匠は何も言わずに作務衣《さむえ》から法衣（正装）に着替えると、兄弟子とわたしにも「お前らも法衣を着よ」と命じ、二人を連れて学校へ謝りに行かれた。

「弟子たちが申し訳ないことをした」と師匠が涙を流して謝るものだから、わたしらも泣かないわけはない。B先生には腹が立つが、師匠に対しては「申し訳ない」という気持ちでいっぱいで、自然と涙が出てきた。結局、卒業間近だったこともあって退

学にならずに済んだが、師匠からは、すぐ次の日から百日間の不断行（法華経八巻を一日中唱える行）に入るよう命ぜられ、修行中だったため、卒業式には出られなかった。

伝教大師は言われている。怨みに怨みで報いるのはよくない。それでは怨みの連鎖はやまない。怨みには善意で報いれば、怨みは収束するのだ、と。B先生の叩き方はルールが間違っていると今でも思っているが、それを怨んで仕返しをしたわたしらも悪く、伝教大師の教えを学ぶ弟子としては、大いに反省しないといけない。師匠が一緒に謝ってくれたので事なきを得たものの、もしわたしら全員が退学や破門などの処分を受けていたら、さらにB先生への憎しみが募ったかもしれないと思うと、師匠には感謝してもしきれない事件だった。

師匠は一時期、比叡山高校の理事をされていたことがある。師匠が学校へ顔を出すと、学校中がシーンとなったというくらい、凛とした厳しさに溢れていたね。生徒の誰かが悪いことをすると、代わりにわたしら弟子を叩く。悪いことをしていない弟子を叩くのをみんなが知っているから、ほかの生徒も悪いことができなかった。そういう厳しさの中に愛情のある教育は、今でも強い、とわたしは思う。

聞く耳を持つ

人間は口が一つで、耳が二つなのは、話す二倍、人の話を聞きなさい、という教えだと言われている。理屈ではわかっているつもりでも、実際に、聞く耳を持てるかというと簡単ではない。

いろいろと事情はあるにしても、お母さんが聞く耳を持たないと、やがて子どもは何も話さなくなるのとちがうかな。そして、だんだんと自分の世界に引きこもってしまい、ゲームにのめり込んで自分の部屋から出てこなくなるかもしれない。いわゆる引きこもりやね。そうなってから後悔しても遅いので、親はなるべく子どもの言うことを聞く耳を持ったほうがいいと思うな。

話は聞いても、子どもの言うことを頭から否定するのも良くない。それは、聞く耳を持っていないのと同じやね。「お前の考えは間違っている」とか、「社会はそんな甘いもんじゃない」とか、親の目線で全否定されたら、子どもとしては、不本意ながらも別の方向へ走ったりすることになりかねないから。頭ごなしに否定せずに、子どもの言い分をちゃんと聞いたうえで判断するようにしたほうがいいと思う。

親子の関係で重要なのは、相手（子ども）の話をきちんと最後まで聞くことやね。そうではなく、親が上から目線で「これはこうしたらいい」と一方的に指示命令するだけでは、子どもは従属者でしかなく、支配者・被支配者の親子関係になってしまうわね。それが高じると、〝しつけ〟と称して虐待することになる。

親が自分の子どもを虐待するということは、ほんとうの親の愛情があるのかどうか、疑ってしまうね。親自身も愛情不足で育ってきたからかどうかは知らないけれども、もしそうだったら逆にもっとわが子に愛情を注ぐべきではないのかな。

伝教大師は、自分は生まれてこの方、子どもに乱暴な口を利いたことも、ムチを手にしたこともないとおっしゃっている。特に「子ども（童子）を叩いたらいけない。子どもを叩かないようにしたら、自分に対する大恩である」とまでおっしゃっている。子どもは優しく教育せよと教えておられるわけやね。子どもたちは皆、無限の将来性を持っていると考えないといけないと思うな。

聞く耳を持つには、心のゆとりが必要で、相手の言うことに思わずカッとなったときには、感情的にならずに五秒待つといいらしい。「アンガーマネジメント」と言うらしいが、感情が静まれば、相手の話に耳を傾ける余裕も生まれるのではないかな。

何でも食べられるようになって病気が増えた

わたしの知り合いのお寺の庫裡に、ニンジンやレンコン、サトイモなどの野菜の絵が掛かっており、そこに「不老長寿　野味不老《やみふろう》」という賛が添えられている。意味を問うと、健やかに長生きするには野菜を食べるのが一番、ということらしいね。

わたしら坊さんは、本来、肉や魚を食べることは煩悩《ぼんのう》や迷いのもとになるという理由で禁じられており、野菜や山菜や木の芽などの植物を食べて命を養うことを基本としてきた。今はだいぶ緩くなって、魚も肉も食べるようになってきたけれど、今でも山上生活の僧侶は、あくまで野菜や果物だけ食べることを厳格に守っているわね。

天地の恵みをいただくことで自らの命を育み、修行に励みながら世の中へお返しをさせていただくのが僧侶としての原点。精進料理を通して、自分が命あるものをいただくに値する人間であり、そういう生き方をしているか、常に自らに問いかける必要がある。

わたしは祖賢師匠の下で、粗食で過ごすことを厳しく指導されてきて、小僧時代は精進料理など口にしたこともなかった。前にも言ったが、朝食などは、一杯の粥に梅干し一個かまたは沢庵二切れが通常だったな。

子ども時分はスーパーがあるわけではないから、雪で埋もれる冬はどういうふうにして食べ物を用意するかといえば、いわゆる保存食。家の中には、井戸みたいに土の中に石組みの穴倉が必ずあり、そこにサトイモやジャガイモやサツマイモや大根などの根菜類を全部入れて、蓋をして保存しておく。杉の枝を切ってきて、周りを囲むと、杉の枝はチクチクするから、ネズミやモグラが入ってこない。そして、必要なときに取り出して、料理して食べていた。潤沢に食べるものがあるわけではなかったけれども、そのころのほうが病気がなかったわね。誰々が病気になった、あそこの彼が病気になったとはあまり聞いたことがなかった。

今のわたしらは保存食に頼らずとも、スーパーへ行けば年がら年中何でもそろっていて、お金さえ出せば好きな食べ物がいくらでも手に入る。食生活が豊かになり、栄養も行き届くようになったはずなのに、かえって病人が増えているのではないかな。早い話が糖尿病などの生活習慣病がそうやね。みな、ご馳走の食べすぎと運動不足が原因とされている。

お釈迦さまは生・老・病・死を「四苦」と言われたが、人間の一生の間を単に四つに分けているだけの話であって、誰にでもあることやわね。生まれたことそのものが苦しみであるとか、老いることが苦しみとか言うが、歳がいくのは当たり前の話で、特別なことではない。たいていの人は病気をする。死ぬのは当然避けられない話。

ただ、誰にでも起こることとはいえ、特に老・病・死は食事である程度コントロールできることも確か。穏やかに老い、来世を迎えるためには、飽食を控えることも大事なのではないかな。

第3章

思いやりを持って生きる

自己主張が多すぎると、人間関係で悩むことになる

「人づきあいが苦手」「職場でみんなとうまくやっていけない」等々、人間関係で悩んでいる人が多いということをよく聞く。夫婦関係、親子関係も希薄で、それとともに、いじめ、ストーカー、虐待、育児放棄、ドメスティックバイオレンス（DV）など、わたしにはとうてい理解のできない事件も増えている。

別れた妻をしつこく追いかけて、しまいには殺してしまう。本人だけでなく、家族まで殺してしまうというから、恐ろしいばかりの執着心やな。自分の幼い子どもを虐待したり、放置して死なせてしまうという事件も後を絶たない。弁解を聞いていると、どちらも自分本位で、動物でもこんなひどいことはしないのではないかと思う。

人間関係がうまくいかない理由の一つとして挙げられるのは、いろいろな面で自己主張が多すぎるのではないかということ。もちろん、主張すべきことを主張するのは悪いことではない。わたしも、それまで上の言うとおりにしていたのを、正しいと思ったことは口に出して言うようにしたら、周りの見る目が変わってきたことがあった。

歩み寄るところは歩み寄るが、守るべきところは守る姿勢。ただし、自分の利益だけを考えた自己主張は、みなから反発を食らうわな。そういう人間は自分のことしか考えていないから、人間関係がうまくいくはずがない。

一方で、聖徳太子の「和《やわらぎ》を以て貴しと為す」との言葉どおり、協調・協和も大事やね。だから、人間関係がうまくいくようにしようとすると、自己主張を抑えることが大事になってくる。

わたしら僧侶の間でも、ほんとうのことを語れる坊さんと、語れない坊さんがいる。信仰についてだったら、どんな人に対してでも自分はこう思うと喋《しゃべ》れるけれど、信仰以外のことに関しては、誰にでも本音で話せるかというと、なかなか難しいことやね。

ほんとうのことを喋れる人と喋れない人はどこが違うのかといえば、わたしの場合は、信頼できる人かそうでない人か、というところにあるように思う。これは、わたしに限らず、一般の人でもそうではないかな。

信頼できない人は、わたしから見たら、誰であろうと、自分本位で我欲が強いところが共通しているように思うな。いくら言葉を尽くして話をしても、自分の意見ばかり主張して、こちらの真意を汲み取ろうとしない人とは、仲良くなるのは難しい。わたしの生活全部を見ていても、なかなかわかってくれない人もいるしね。もちろん、一方でこちらとしても理解してもらう努力はすべきだと思うけれど、なかなか理解してもらえずに悩んでいる人は多いのではないかな。

より良い人生を送ろうとすると、余計なしがらみは切ったほうが楽。つきあいたくない人間とはいっさい関わらないと割り切るのも一つかもしれないけれど、人間は社会的な動物だからね。人と関わり合わずには生きていけない。だとしたら、「わたしが」「わたしが」という自己主張を抑えて、周りと上手に人間関係を築く道を探ったほうが生きやすいのではないかな。

おもてなしより思いやりが先

二〇二〇年の東京オリンピック・パラリンピック招致の最終プレゼンテーションで、滝川クリステルさんが「お・も・て・な・し」という言葉とともに手を合わせた姿が評判を呼び、それが招致の決め手になったという声もあるくらいやね。

「おもてなし」という言葉も、それを機にメディアを中心に独り歩きしているけれども、大事なことが忘れられているような気がするね。それは、おもてなしよりも思う心、つまり「思いやり」のほうがもっと大切だということ。「おもてなし」の前に「思いやり」がなかったら、形だけのものにすぎない。海外のメディア受けを狙《ねら》ったのかもしれないが、「お・も・て・な・し」と一語ずつ切った言い方にワーッと喜んでいるのを見ると、今の人はおもてなしよりも「思いやり」が先だということも、わからなくなっているのではないかと思うね。

大切なお客を心からもてなそうとするなら、たとえば夏なら少しでも涼しく感じてもらえるように通路に打ち水をするとか、座りやすいようにイス席を用意するとか、好みの食事・飲み物は何かなど、相手に対する思いやりが根底になかったらできないわね。言い換えれば、ほんとうのおもてなしとは、思いやりがあってはじめてできるのであって、そうでなかったら表面的で形式的なおもてなしだということやね。飲食のチェーン店などで、いかにもマニュアルに則《のっと》った対応を受けることがあるけれど、いくら丁寧でも薄っぺらさが透けて見えることもある。それでは、おもてなしとは言えないわけで、おもてなしより先に思いやりがないとダメだと思うね。

人に対する思いやりの神髄は、伝教大師の教えである「忘己利他」に尽きると言える。伝教大師はこうおっしゃっている。

「悪事は己れに向かえ、好事は他に与え、己れを忘れて他を利するは、慈悲の極みなり」

イヤなことは自分が引き受け、良いことはほかの人に与えなさい。自分の利得を忘れて、他人に利益を施すことをするのは慈悲の極致である、という意味で、この、自分のことよりも人のことを優先する生き方こそが、人間としての最高・最深の思いやりの心だとわたしは思う。

では、自分のことよりも人のことを考えるにはどうしたらいいかといえば、そういう心を持つことやね。

ある有名な経営者からサラリーマンを辞めて豆腐屋を始めた人の話を聞いたことがある。

その人は大豆をはじめ厳選した材料を、わざわざ最高の生産地を探して買い求め、さらに、それらをいちいち拝んでから豆腐をつくっていたという。お客のことを思い、おいしい豆腐をつくるためである。日ごろからその父親の姿を見ていた子どもは、自然と父親を尊敬するようになったという話やね。わたしもたまたま大阪の信者の方の家に行ったときに、その店でつくっている豆腐や揚げを頂いたことがあるが、確かにおいしかった。厳選した素材を使い、食べてくれるお客を思って祈りを込めて豆腐をつくる。これこそ思いやりの極致やね。

相手を思いやるということは、困っている人がいたら助けることでもある。たとえばマンションで隣人が亡くなっていてもわからないというのは、ある意味、思いやりがないからとちがうやろうか。わたしの育ったところでは、隣のおばさんが「惣菜や漬物をつくったから」と持ってきてくれるとか、あるいは隣人同士、「少しどうですか？」とおかずをおすそ分けしあっていたわね。そういう思いやりがあれば、隣人が亡くなる前に体調を気づかうことができるのではないかな。

昨今、住民同士挨拶《あいさつ》してはいけないというマンションまであるというから、余計に病気になっていても、亡くなっていてもわからない。結局、隣の部屋から変なにおいがするから、人が死んでいるのではないかと警察に連絡して、初めて隣人の死が明るみに出る。今はそんな時代やね。

「忘己利他」の生き方をする

わたしたちは、どうしても自分中心にものを考えてしまうことが多いのではないかな。もっと欲しい、こうしてほしいと、周りに望むことが多くなりがちやね。我欲が先立つのだが、先述のとおり、伝教大師最澄の言葉の中には「己を忘れて他を利するは、慈悲の極みなり」という言葉がある。自分のことは後にして、まず人に喜んでもらうことをする、これは仏さまの行いで、そこに幸せがあるという言葉なんやね。つまり我欲が先に立つような生活からは幸せは生まれないということ。

この最高、最深の思いやりの心である「忘己利他」の生き方は、自分を律する心と謙虚さが求められるだけに、いざ実践するとなると簡単ではない。自分のことを差し置いて、人の幸せのために働くという生き方をするには、そういう心を持たないといけないからね。わたしも、伝教大師のこの教えに従い、自分のことよりも人のことを考える生き方に努めてきたつもりや。

小僧時代には、時たま朝食がパンのときがあり、朝四時くらいにパン屋へ行って、焼き上がるのを待っていると、お駄賃代わりに店の人がキャラメルを五個くらいくれることがあった。お店の人は、わたしが食べるように渡してくれたのだけれども、一度も食べなかったね。もらったキャラメルを大事に持って帰って、いつも、一緒に働いていた小さい小僧さんに「これ、食べたらいいから」と全部あげていた。もちろんもらった瞬間は自分も食べたいなとも思ったが、そうしなかった。自分で食べていないから、味もわからないままだったが、少しも惜しいとは思わなかったね。いつも腹をすかせている仲間の小僧さんが喜んでくれたら、それでわたしもうれしくて幸せな気持ちになれた。

わたしは多少絵心があったので、墨絵で弁天さまやお不動さま、阿弥陀さまなどを描いて、信者さんに差し上げることもしてきた。そこの家が少しでも良くなればいいという思いを込めて、お経を唱えながら描くから、夕方から描きはじめて、仕上げるのはいつも翌朝。寝る時間がなくなるけれども、それでその家がうまくいけば満足で、疲れも吹き飛んだものやね。

もちろんこんなことは、人に誇るほどのことではないし、これで良いということでもない。ただ、なかには、相手に利益を与えるばかりでは、自分は損をする一方ではないかとマイナスにとらえる人もいるかもしれないけれど、わたしは「忘己利他」の生き方をしてきて、自分が損をするなどとは考えたこともないね。そもそも損とか得とかを考えること自体、忘己利他の精神とかけ離れていると言えるわな。損得抜きで人のためにやる。それが結果的に、巡り巡って自分のためになるということはありうるけれど、最初から利益を求めてするものではない。

お互いに皆、忘己利他の精神で相手のためを思って日々暮らしていたら、争いごとは起きず、穏やかな人生を送れるのは間違いない。それが自分にとっての素晴らしいご褒美であるはずなのに、世の中の動きを見ていると、忘己利他ではなく、真逆の「忘他利己」、つまり、他人のことは忘れ、自分の利益のためにあくせくする人間があまりにも多いような気がするな。お年寄りがコツコツ貯めた老後の資金を、あの手この手で騙して巻き上げる詐欺集団はその最たるもの。日常的にも、人より自分という自己中心的な言動の人が目につく。

坊さんの世界も例外ではない。そこで、善光寺貫主《かんす》に就任したときに、延暦寺の現座主《ざす》・森川宏映猊下《もりかわこうえいげいか》のもとに伺って「忘己利他と書いてください」とお願いして墨書をいただき、その額を善光寺の大勧進の応接間に掲げてある。

原点を忘れないように、毎朝眺めて自戒するとともに、来客の方々にもそのような生き方を勧めている。

執着から離れたら、苦しみもなくなる

苦しみというのは執着から生まれるから、執着から離れないといけないというのが、お釈迦さまの基本的な教えだね。だから、人間はとらわれてはいけない、こだわるな、とお釈迦さまは言いたかったのではないかと思う。

物事や考えなどに執着するのは、その対象がどうであれ、視野が狭くなって周りが見えなくなることになるわね。自説やメンツにとらわれたり、己の利益にこだわったりして、その結果、苦しみが増えたり、争いが増えて、世の中が乱れることになる。小は夫婦げんかから大は国家間の戦争に至るまで、争いごとの原因の多くは執着にあると言っても過言ではない。

生まれて、時には病み、やがて老いて死んでいくという生・老・病・死を「四苦」と言うことについては先述したが、これは誰にもあることで、わたしはそれらは苦でも何でもないと思っている。ただ、それに執着するから苦になる。

どうせいつかは死ぬのだから、あまり死にとらわれてもいけないと思う。人間、死んだらどうなるのかなどと考えていたら、前向きに生きられないと思うし、そもそも死ぬことは悪いことなのか、ということやね。

わたしの法友でお弟子も多く、種々様々な修行を行い、ことに聖天《しょうてん》行者として有名な方がいた。その和尚《おしょう》が、坊さんの世界ではわりと若くして亡くなったんやね。昨日まで元気だったのが、朝起きたらもう成仏されていたわけで、遺族の方は悲しいだろうけれど、よくいう〝極楽往生〟の幸せな亡くなり方だったように思う。聖天さまを拝むと普通の死に方をしないという俗説があり、それで早く亡くなったと言う人もいた。

わたしもその友人の死の知らせを聞いたときは、とても驚き、ショックを受けたが、それは決して聖天さまを拝んでいたからというのではなく、その人のこの世での役割が終わったからお迎えが来ただけだと思っている。その友人は常に人のことを拝むことばかりしてきた。だから、幸せな成仏ができたのだと思うね。

長生きすることが、必ずしも幸せなのかどうかはわからないとわたしは思うね。長い短いが問題なのではなく、その人が今世をどう生きてきたか、が大切なのとちがうやろか。

わたしは、「人は死なない」と思っている。肉体は滅んでもその人の魂は生き続けるので、生や死にとらわれ、執着することには意味はない。

執着から離れるというのは、正直、なかなか難しい。人のために考え、何かをすることによって、執着から少しは離れられるのではないのかな。

自分だけがと思うから、問題が起きてくる

ある日、午前二時からの修行に入るためにお堂に向かっていたとき、堂前に〝七色の蛇〟がいた。とても珍しい出来事なので、弟子にも見せようと迎えに行き戻ったら、その蛇は消えていなくなっていたんやね。わたしにだけ見せたのだなあと思って、その日はそのまま休んだ。

そうしたら次の日の午前中に、大阪北新地の芸妓さんが〝七人〟見えたので、あっ、と思い、昨夜の〝七色の蛇〟を思い出した。聞いてみるとこの芸妓さんたちが「娘道成寺《むすめどうじょうじ》」を上演すると、なぜか踊り手や囃子《はやし》方の誰かがケガをしたり、いろいろ悪いことが起こるという。なんとかならないか、という相談を受けたんやね。その

件はご祈禱《きとう》をすることで落着したのだが、その中の一人から物騒な相談を持ち掛けられた。「うちの旦那がある会社の重役のイスをライバルと争っている。その競争相手が死を迎えるように祈願してもらいたい」と言う。もちろん、断った。「人を呪わば穴二つと言って、相手を殺せば、自分も死ぬことになる。それは困る」と。

「人を呪わば穴二つ」は昔から宗教の世界で言い伝えられてきたもので、相手の死体を埋める穴と、自分の死体を埋める穴の二つがいるという意味。当たり前だが、そんな危ない祈願はしたくはない。

その人に続けて言った。「あなたのそういう心がいけない。あなたは旦那だけに重役になってほしいかもわからないけれども、相手の人も出世できるような祈り方だったらできる」。そうしたら「それでお願いします」と言うので祈願したことがあった。

自分が良くなりたかったら、相手も良くなってほしいと願うのが人間の道やな。わたしたちも、自分のことを祈願するのではなく、人のためだけに祈っている。「人間は己が良くなれば、相手も良くなる」と言うが、忘己利他の精神で言えば、まず相手が良くなり、その結果、己が良くなるというのが本来やと思う。自分だけがという考えが、やっぱりいろいろな間違いを引き起こすのだと思うね。

人間はそもそも物やお金への執着とか、立身出世などの執着に支配されているように思うな。しかも、それが良いことだと思って、ずっと生きてきている人が多いわけで、それがさまざまな苦しみやトラブルを招いている。

自分さえ良ければと思うから問題が増えていくのであって、相手も良くなるように考えて生きていれば、何も起きないと思うよ。

人のためにしても、見返りを求めない

「忘己利他」は、文字通り読めば、己を忘れて、他を利する。つまるところ、人のために自分のことを忘れて生きなさいということであり、さらに言えば、自分の幸せよりも人の幸せを考えて生きなさいということにもなる。でも、人のためにすることによって、自分が損するのではないかと思うのが本音かもしれないね。

思いやりを持って相手のために何かをしても、向こうにも忘己利他の心があるとは限らないからね。下手をすると、裏切られたり、利用されたりし、損をしたりする。腹が立つし、悔しいから、「二度と思いやりの心など持つものか」という気持ちになることもあるかもわからないわな。

忘己利他は、ギブ・アンド・テイクの世界ではない、ということ。

与えたら与えられるのが当たり前ではないか、と思う考えが良くない。心の中に、「やってあげたのだからお返しは当然だ」と見返りを求める気持ちがあるから、見返りがないときに「恩知らずな人間だ」「何だ、礼儀も知らないのか」などと反発心が湧いてくるわけやね。

そもそも、見返りを期待した時点で忘己利他とは言えないわけで、人に対する心の芯からの思いやりがいちばん大事であって、見返りを期待してすることではない。ただ、人のためにやって、それを相手が喜んでくれたなら、自分もうれしいし、精神的な満足感を得られる。わたし自身は、人のためにする喜び（精神的満足）こそが、最高の贈り物だと思っている。

伝教大師の言葉を思い出してほしい。「己を忘れて他を利するは、慈悲の極みなり」とおっしゃっている。自分のことは差し置いて、ほかの人へどうぞと譲ることこそが、仏さまの慈悲の心の極致だと言われているのである。決して、「見返りがありますよ」とはおっしゃっていない。あくまでも自主的な思いやりの精神を求めておられるのとちがうかな。

かつて自殺志願の若者を助けて、自坊で預かっていたことがある。ケーブルカーの終電も過ぎた夜中に若い男とすれ違い、おかしいと思って声をかけて寺に連れ帰って面倒を見ていたところ、何日かして、その若者の家族が、「息子が比叡山で死ぬとの遺書を残していた」と事務所を訪ねて来られた。「その子ならわたしが預かっています」ということで、事なきを得た。本人には「一つだけしかない命だから大切しなさい」と諭して家族と一緒に帰っていってもらった。

その後、本人から「一度あいさつに伺います」とお礼の手紙をもらったきり。顔なども忘れてしまっているが、風の噂で、学校の先生をして元気にやっているらしいと聞くと、「よかった」とホッとするね。

自殺すると楽になると思っている人が多いが、それは間違い。魂は今世での課題を解決せずに肉体から離れてしまうので、また来世で苦しまないといけなくなる。苦しいかもしれないが、今世をしっかり生きて、困難を乗り越えることが大切やと思う。

わたしは、人生とは決して自分のためにあるのではなく、世の中を良くし、周りの人を幸せにするためにあると考えている。

人のためにやって良かったという経験をするかどうかは大きいと思うね。相手が心から喜んでくれ、「ありがとう」と言ってもらえた喜びは、心の充足感を得られるのではないかな。この、相手も満たされ、自分も満たされることこそが、忘己利他の本質だと言える。

その場所で、なくてはならない人になる

伝教大師の教えのもう一つの大きな柱は、「照于一隅」（一隅を照らす）。もともとは「径寸《けいすん》十枚、是《こ》れ国宝に非《あら》ず。一隅を照らす、此《こ》れ則《すなわ》ち国宝なり」というのが原典で、「径寸（直径一寸もある玉《ぎょく》十枚）が国の宝ではなく、一隅を照らす人こそが国の宝である」という意味だ。

では、「一隅」とは何か。それは一人ひとりが今置かれている立場のことで、「一隅を照らす」というのは、要は自分の置かれている立場立場において、なくてはならない人になる、というのがわたしの考えや。千日回峰行者《せんにちかいほうぎょう》※3であった葉上照澄阿闍梨《はがみしょうちょうあじゃり》は、もっとわかりやすく、「今ふうに言えば、部長なら部長、課長なら課長という

〝現在のポストでベストを尽くすのが、一隅を照らすということ〟だ」という言い方をされておられた。

　葉上阿闍梨は東京大学出身で、大学教授、新聞社の論説委員を経て祖賢師匠に弟子入りされた人。頭がいいし、社会人経験もあるから、立場＝ポストという言葉がパッと浮かんだのやろうね。わたしにはその場所でがんばりなさいくらいのことしか思い浮かばないから、「ポスト」とはうまいこと言うなあ、と感心したことがある。

　結婚式で挨拶を頼まれたら、「周りから見て、ああいう夫婦になりたいなあという夫婦になりなさい。それも一隅を照らすことだと思う」というような話をよくする。人から憧れられる夫婦になるのは、夫や妻という立場（ポスト）でがんばっている姿が素晴らしいからやと思うね。

※3 千日回峰行

天台宗、相応《そうおう》和尚《かしょう》により始められた比叡山の峰を縫うように拝み歩く行。法華経の中の常《じょう》不《ふ》軽《ぎょう》菩薩《ぼさつ》の心を示したものとも言われる。7年かけて行なわれ、260カ所以上礼拝しながら峰を回るほか、700日を終えると9日間の断食・断水・不眠・不臥《ふが》にて「堂入り」と呼ばれる行が行なわれる。

仏教には「悉有仏性《しつうぶつしょう》」という言葉がある。これは人はみな〝仏さまになる種子〟つまり〝仏性〟が与えられているということで、一人ひとりがそのことに気づき、仏さまの光で周りを照らすことができたなら、こんなに幸せなことはない。そのような人こそ、日本にいなくてはならない。それは、日本の国の宝となる。

一隅を照らす生き方は、人生において重要だと思う。置かれたポストでがんばって努力をしていれば、誰かが見ていて、ちゃんとしかるべきポストへ引き上げてくれたりすることは、サラリーマンにかぎらず、どこの世界でもあり得ることではないかな。今いるポストに不満があっても、不平を言わず、まずはそこで精一杯生きて、周りの人のためになくてはならない人になる努力をしてはどうだろう。

人を大事にすることは、自分を大事にすること

二〇二〇年は年初から新型コロナウイルスで大騒動になり、だれもかれもがマスク、マスクとうるさく言うようになったわな。もともとマスクの習慣のある日本ではすんなり受け入れられたが、その習慣のない外国では抵抗感が強くて、「コロナが怖くてマスクなんてできるか」と拒否した首脳もいた。おそらく、自分は罹《かか》らない、もしくは、罹っても大したことはない、という理由からかもしれないが、マスクは自分の身を守るためのものと勘違いしているのとちがうかな。だから、する・しないはこっちの勝手だろうという理屈なんだろうけれど、マスクをするのは自分へのコロナウイルスの侵入を防ぐためだけではないんだよね。

マスクをするほんとうの理由は、自分の身を守るためというよりは、周りにうつさないためやね。

咳《せき》やくしゃみをすると、飛沫《ひまつ》がウイルスとともに二メートル近く周囲に飛ぶという。周りの人がそれを吸い込むと、コロナに感染するリスクが高いわけで、それを避けるために、飛沫の拡散を防ぐ目的でマスクをするのが本来の理由やね。つまり、マスクをするのは自分のためでもあるが、むしろ、人のためで、まさに思いやりであり、忘己利他の行為と言える。

どういうふうにしたら幸せになるかをみんなで考えて、助け合わないと生きていけない時代になっている。みんなが他人のためにマスクをするというふうに、忘己利他の考えが生活すべてに行き渡れば、世界中の人々が平和な暮らしを送れるのではないかな。コロナウイルスは広がらないし、ひいては自分も感染するリスクが減ることになるからね。

人を守るということは、自分を守ることだし、自分を守るということは、人を守ることだということは、このマスクの例からもよくわかるのではないかな。

「忘己利他」で生きなさい、と言うと、自分のことはまったく考えずに、自己を犠牲にして人を助ければいいのですか、と言う人がいるけれど、自分がそれでだめになったり、病気になったりしたら意味がない。人も大事、自分も大事。結局は、人と自分は同じ、ということなんや。

第4章

ほんとうの豊かさとは何か

物は手放すから入ってくる

普通の人は大事な物は取っておくらしいが、わたしは物への執着心が薄いほうで、特に神仏に関する物は惜しげもなく人にあげてしまうほうなんやね。それでなくなったとしても、不思議なことに、またどこからかやってくる。

入滅されたお釈迦さまや高僧が荼毘《だび》にふされた際の遺骨を「仏舎利《ぶつしゃり》」と言う。仏教徒にとっては非常に貴重な物で、わたしはいつもペンダントに入れて首から下げ、それを通じて祈るために大事にしている。そんな大事な物でも、その人に必要な物だと思うと、舎利塔の中から一、二粒取り出してわたししている。仏舎利がなくなってしまうこともあるが、たいていは後《のち》に、「どうぞもらってください」と別の仏舎利が届き、ちゃんと補充できる。

また、仏さまにあげるいちばんの供養はお香だと思っているので、わたしは毎日焚くお香には、伽羅《きゃら》や沈香《じんこう》など良い物を使うようにしている。それらは高級品だけれど、計算のない求め方をしている。ただ、より良いお香をお焼香として使っていると、神仏にもその思いが通じるのか、使った分だけ、全くあてにしていないところから、お礼とかお供えという形で入ってくる。

人に貴重な物を差し上げたり、高価なお香を使うのは「もったいない」と言う声もあるけれど、わたしの考えは違う。手放すことによって廻《めぐ》りめぐると思っている。手放すのを惜しいとか、買うのはもったいないなどと思って溜め込んでしまったら、流れがそこで止まってしまうことになる。入ってくる物も入ってこなくなると思うね。

だからといって、入ってくるのを当てにするのはよくない。当てにして手放すのは、計算になる。商売人はともかく、坊さんが、手放せばまた入ってくるなどと計算したら、あかんと思うね。

弟子からも、わたしの教えに従ってやっていると、同じように使った分の物がどこからか入ってくると聞く。一方で、ある弟子からは「師匠は仏さまに使うことは教えてくれたけれど、儲けることは教えてくれなかった」と言われたことがある。でも、結果としては、回っているわけだから、それでよしとするしかないわね。

個人の欲のために使うお金は、たぶん戻って来ないと思うな。神仏のためや、世のため、人のために使うから、回り回って入ってくるのだと考えている。これは商売をしている人にも、あてはまるかもしれないと思うね。

金持ちほど貧乏人はおらん

貧富の格差が広がっていて、世界中の富の半分を一パーセントの人が握っているというね。グーグル、アマゾン、フェイスブック、アップルのいわゆるＧＡＦＡ《ガーファ》などのＩＴ長者が、何兆円という資産を持っていると聞くと、気の遠くなるほどの数字で少しも実感が湧かない。

でも、わたしは何億円、何兆円という資産を持っていようと、少しもうらやましいとは思わない。かえって、景気が悪くなって資産が減ることや、相続税でいくらとられるかなど、なくなることが心配で、心が落ち着かないのではないかなと思うね。

わたしは、お金がある人は必ずしも幸せだと思わない。むしろ、どちらかといえば金持ちほど貧乏な人はいないとさえ思っている。その証拠に、お金を持っている人ほど「足りない」と言っているわね。

知り合いの中にも、死ぬまでお金、お金と、執着していた人がいた。たくさん資産があっても、最後まで「足りない、足りない、もっと、もっと」と言いながら亡くなったんやね。要は「足るを知る」（知足）心に欠けていたからだと思う。

お釈迦さまは、「不知足の者は富めりといえども貧し」と説いておられる。足ることを知らない者は、たとえ物が豊かであっても、心が貧しい。反対に、「知足の者は貧しといえども富めり」、つまり、足ることを知る者は、たとえ生活が貧しくても、心は豊かであるとおっしゃっている。

お金が、いくらあっても満足できずに「もっと、もっと」と欲しがるのは、精神的に貧しいと言ってもいいのではないかな。かえってない者のほうが、ないことを普通のこととして受け止めているので、一面、悟っていると言えなくもない。だから、かえって汲々《きゅうきゅう》としないし、精神的にもゆとりがあるようにも思う。

足るを知ることの大切さを説くと、ほとんどの人はそのとおりと頷《うなづ》くが、いざ、自分のこととなるとなかなかその心境にはなれないようやね。人間には欲がある。理屈ではわかっていても、心や感情は、いくらあっても満足できないというふうに、悪いほうへ、悪いほうへ流れがちになるからだ。

ただ、正直なところ、普通の人が急に大金を持たされても、使い方がわからないと思う。せいぜい貯金をするか、夜の街で遊ぶか、家や車を買うか、株や賭け事につぎ込むことくらいしか、思い浮かばないのではないかな。

いくらたくさんあるからと言っても、朝から晩まで鮨《すし》やステーキを食べられるものではない。ときたま食べるからおいしいと思うのであって、毎日食べるとなったら、苦行だと思うな。たまに贅沢するから、夢もあれば、語らいもあるし、和《なご》やかさもある。そういうものだと思うね。

努力すれば、運が向こうからやってくる

わたしは小さいときから、運命論は信じていなかったな。何か不幸に見舞われたときに、「それは運命だから」「宿命だから」の一言で片づけてしまったら、そこでおしまい。原因の究明も、解決のしようもない。うまくいかなかったのには何らかの理由があるわけで、それを見つけて解決する努力をしていくのが、人間の生き方ではないのかな。

また、人間は努力をすることで、運（運勢）は変えられると思っているし、わたし自身、これまでの人生をそうやって生きてきたつもりやね。「運が悪い」などとグチを言うだけで、何も努力をしないのは誤りだと思う。

努力すれば運が向こうからやってくると、わたしは思うな。神頼みではけっして運は良くならない。努力＋行動こそが運につながる。ただ、運命を変えたいと願うなら、生半可な努力ではダメやな。やはり命がけになるくらい他の人より努力をしないと、運命が変わるなどということはありえない。

実際、わたしの前に神仏が現れてくるときは、それこそ命がけで行をしているとき。三嶽寺や自坊の再建に精進努力していたときも、ギリギリで仏さまが助けてくれた。

「わたしはこんなに努力しているのに、なんでこんな運命になっているんだろう」と言う人もいるかもしれないが、それは単にまだ努力が足らないだけ。普通にちょっとがんばったくらいでは、運を引き寄せられない。もっとがんばらなければと思わないといけないね。

それには、自分で自分（の中の神仏）に対して約束を立てるといい。いついつまでにこうしなければならないという自分（の中の神仏）との約束がなかったら、心棒がないのと同じだと思う。

毎月努力すると決めたからには、どんなことがあっても途中でやめないという信念があってこそ、努力を続けられるのとちがうかな。今の人には、信念と辛抱が足らんと思うね。

他人以上の努力をすれば、必ず報われる

わたしは運命というものを信じないけれど、小さいころから努力を信じ、人間は何事も努力しないといけないという気持ちがあったね。他人以上の努力をすれば必ず何かを成し遂げられると思い、苦労を苦労と思わずにいろいろなことに必死で取り組んできた。今のわたしがあるのは、阿弥陀さんに与えていただいた結果だと思っている。

貧富の差が指摘されているけれど、一面では本人の努力の差もあると思う。他人以上に努力することが大事やね。周りの人と同じようなことをやっているだけなら、日常の中で流れているだけで惰性。それでは、人より抜きでることは不可能だと思う。

他人よりも努力することで、今の置かれた立場より上へ向かって自分を高めていくのが、人間の生き方というもの。出世という言葉を使うのは好きではないけれど、出世したいと思うなら、ほかの人以上の苦労をいとわないくらいでないと無理だと思うね。普通の人と同じように生きていたのでは、今以上は伸びない。言葉は悪いが、それは有象無象と変わらない。

あえて自分の家は持たないという信念を持っている人は別にして、マイホームが欲しいと思うのが普通ではないかな。それならそれに向けて、人一倍の努力をしないといけない。やはりすべてのことに、他人以上の努力を行なうかどうかやろうね。

前の寺は住むのがやっとのボロ寺だった。大きい部屋で四畳半、あと二畳の部屋が二つと、トイレも廊下に板を張って通っていかないといけない。雨が降ったら、いたるところ雨漏りするなど、それはひどい寺だったが、いい寺に入らなくてかえって良かったと思うな。何とかもう少しちゃんとした寺に住みたいと思って、どういうふうにしたら建つか、一生懸命に考えた。また、人一倍修行もさせてもらった。

もちろん、比叡山無動寺谷弁天堂の輪番のとき、幾度か行なった百八日間の修行も厳しかったが、三重県の三嶽寺での修行はもっと厳しかった。三嶽寺の水は弁天堂の水と違って、冷たさを超えて痛さを感じるほどで、いずれの修行もだいたい十一月から四月初め頃の寒冷期。一日三座のうち、朝と昼は水浴、夕は香湯浴の禊《みそぎ》をして入堂修行に入る。一期百八日間として約十年行なった。今考えるとありがたい修行やったね。

そして、三重県から帰ってきたあと、神仏のご加護と、信者の方のご寄進や協力によって、願いどおり新しく建てさせていただくことができた。

報われないのは、みなと同じように楽な生活をしてきたからであって、人並み以上に努力したら、必ず神仏のご加護を受け、報われるとわたしは思うね。

お金を追いかけたら、お金に追い回される

「坊《ぼん》さんはお金を追いかけてはいけない。なぜかといったら、お金に追い回されるから」と祖賢師匠が言われたことを、わたしはずっと肝《きも》に銘じてきた。その真意は、お金を追いかけたら、いくらあっても足りない感覚になり、次々にまた求めていくようになるから、自己本位の欲は持つなという教えだ、とわたしなりに解釈している。そして、わたしはこの言葉を信じて生きてきたといっても過言ではない。

伝教大師も、自身のために財を求め、名声のために人との交わりを求めることを厳に戒めておられるわね。

でも、現実問題として、お金がないと食べる物ひとつ困るわな。それに対して、

「何もなくても、坊《ぼん》さんは拝んでいれば神仏が生活をさせてくれる」とも、師匠は言われた。

かといって、祈禱や回向をするにしても、いっさい自分の願いを掛けたことはない。それは教えに違反する。だから、自分が良い生活ができるようにとかを祈るのではなく、人のために祈る。

三嶽寺に住職として赴任したときのこと。台風の土砂崩壊によって倒壊した本堂などを再建するには、どうすればいいか。最初、こう計算したんやね。一年百日間の行をすれば、少なくとも年に十人の信者ができるだろう。十年やれば百人の信者ができるだろう。その百人の助力や加護を基《もと》にしてお寺を建て直そうと考えたわけやね。

朝と昼に水をかぶり、夕には香湯浴をし、禊をしながらいろいろな修行をした。一年百日を七年近くかけて、七百日間続けたものの、一人も信者は来ない。おかしいな、と思ってよくよく考えたら、「これは神仏に祈る際、計算をして自分の願いをかけ、拝んだことがいけなかったのではなかったか」と気がついたわけやね。いわば、私的願望みたいなものがわたしにあったのが良くなかった。拝むことによる信者の増減や、金勘定を考えたことがいけなかったのだということに気づいて、「誠に申し訳なかった」と心を入れ替え、八百日目からは改めて一年のうち百八日の懺悔の行に入ったんやね。

そうしたら、今度は修行ができなくなるほど、人が集まってきた。ほんと不思議やね。五〜六人の信者を預かって、一年ほど無償でお世話をした。また、多くの相談事を頼まれ、祈禱をして解決したこともあるな。

信者数も順調に増えていった。三嶽寺の再建も無事に果たせ、十五年ほどして比叡山へ戻り、今度は現在の比叡山麓の自坊の再建を果たすことができたわけやね。

お金に追いかけられてあくせくしている人を見ると、「お金を追いかけたら、お金に追い回される」というこの師匠の言葉を思い出す。お金は後からついてくるもの。わたしら弟子に言われたのやけれども、坊さんでなくても通用する言葉ではないかな。

物を大事にするのは西洋、心を大事にするのは東洋

西洋と東洋の違いは、大雑把に言えば、物を大事にするのが西洋で、心を大事にするのが東洋と言えるのではないかな。

西洋は物と心を別物に考えているけれど、日本は物と心は一体と考えている。だから、自然物には神が宿り、物づくりに心を込める。考え方にそういう大きな違いがある。

西洋が物にこだわるのは、物がいっぱいあるほうが豊かだと錯覚しているからではないかな。東洋の場合、物が少なくても精神的に充実していたら満足であるのに対して、西洋は、物がいっぱいあるほうが豊かで幸せだという考えやね。戦後の日本では

それがごっちゃになってきたため、いろいろと問題が起きているのではないかな。

なぜこんな世の中になったのかといえば、日本のきちんとした、昔の東洋的な思想的な教えがなくなったのがいちばんの理由だと思う。戦後、東洋思想が古くさいとして軽視され、生活習慣が欧米化してきて、心より物を大事にする考え方が主流になってきた。それとともに、人間そのものが進歩発展してきたように思われているが、かえって精神的に劣化してきたように思うね。

もう一回、日本は貧しくて、物がない時代になったほうがいいのではないかな。あまりに物がありすぎて、何が良いやら、何が悪いやらがわからない、精神的に混沌《こんとん》とした時代になっているんじゃないかな。

よく、物が豊かだと心が豊かになるが、物が貧しいと心まで貧しくなるなどと言ったりするけれど、どこまで豊かになったら心が充実するのかな。逆に、明日食べる物がないような状況でも、心まで貧しくなることはないかもしれない。いわゆる「清貧に甘んずる」ということやな。

ないものはないくらい物で溢れかえっている今の日本なのに、少しも幸せ感を持てない人が多いというのは、物と心が逆転した現状をよく表しているんじゃないかな。

欲は悪くない。ただし、大きな欲を持て

お金を儲けようとすることは、そんなに悪いとは思わないが、要はその儲けたお金をどう使うか。その使い方だと思うね。私利私欲のためではなく、人のために使うのであれば、儲けること自体は決して悪いこととは思わない。

無欲がいいというのは戯言《ざれごと》で、わたしは、欲は持ったらいいと思うな。欲は執着とはまた違い、執着が限られていて深いものであるのに対し、人間の真の欲は浅くて広い。執着は凝り固まる部分があるけれども、欲というのは何でも入るからね。執着するのは良くないが、欲はかまわない。ある意味では、物事を発展させていく面も持っているからね。

ただし、欲は欲でも、変な欲や小欲はよくないな。大きい欲を持ったらいいだけの話で、大欲ならいい。無欲では何もできないと思う。

あるとき、ある夫婦の奥方から、「うちのお父さんはまだ欲がある」と相談を受けたので、「それはいいのではないですか。欲はあったほうがいいですよ。もっと大きな欲を持たせたらどうですか」と言ったことがある。欲には良い欲と悪い欲がある。変な、ちっぽけな欲を持ってるからややこしいのであって、小さすぎるとかえって良くない。

人間は、欲をなくすのは無理なこと。あって当然だが、むしろ大きい欲のほうがいい。たとえば、わたしと家族だけ幸せになるというのは小さい欲やと思うね。世の中全体を良くしたいとか、みんなが幸せになるようにしたいというのは大きな欲で、それだったら無欲と一緒やな。自分だけの欲を執着と言い、大きな欲は執着とは言わない。大欲は無欲に通ずる。大欲のために自分は稼ぐのだと思えばいい。胸を張って、どんどん頑張ればいいということやね。

欲という言葉の意味を、人それぞれが生きていくための希望や、成功や成就に対する方便《ほうべん》（やりかた）と考えたらいい。

今の時代、自分さえ良ければいいという小さい欲が多い。無欲では生きられないのだから、どうせ持つなら大きい欲を持ちなさい、と言いたいな。

一日一日を大事に生きる

松下幸之助さんの、こんなエピソードが伝わっている。

ある社長が、「いつ、世界を目指す松下電器ということを考えるようになったのですか」と松下幸之助さんに質問したら、幸之助さんは「そんなことといっぺんも考えたことがない。ただ、一日一日を大事に仕事をしてきて、気がついたらこんな世界的な会社になっていた。いちばん驚いているのはわたしや」という意味のことを言われたという。

何も考えずに、その日の仕事に熱中するというか、集中して、一日一日を大事にして仕事に打ち込んできた結果、気づいたら会社がこんなに大きくなっていたということとやね。そこには幸之助さんの我欲はない。「一日一生」と言われた、ある偉い行者がおられたが、同じことだと思う。

わたし自身のことを言えば、毎日一生懸命に行をやっているうち、気づいたら善光寺の貫主をやらせていただいていた。小僧時代には作務衣が高くて着られなかった。貧乏しているときには、土木仕事に行くと、高校生だった当時の日当は一日二百八十円、大人が三百円だった。学生服が上下で三千円。師匠には買ってほしいとは言えないので、夏休みに実家に帰り、土木工事で働き、稼いだお金で学生服を買って寺にもどり、それを着ていた。

当時の写真を見たら、ボロボロの作業服姿をしている。一輪車などなくてモッコを担いで、掘り起こした土や石、樹木、壊した建物の廃材などを運ぶから、肩にタコができていた。池を掘ったり、お堂を建てる土台作りのため、竹藪を全部掘り起こして捨てたり、えんやとっとで地面を固めたり。学校から帰ると、勉強よりも、雨天晴天にかかわらず毎日のように、師匠の指示で庭園の作り直しや土木作業をやった。

そういう毎日に不平不満を持っていたら、努力をしようとする気がなくなるのではないかな。

周りを少しでも良くしていこうと、一日一日を真剣に生きてきた。それが今につながっているのかもしれないと思うな。

人生は寄り道も大事

善光寺貫主という現在の地位だけを見ると、わたしはいかにも僧侶としての出世街道を歩いてきたように見えると思う。だけども、スーッと平たんな道をまっすぐに歩んできたわけではなく、あちこちに寄り道しつつ、結果として今があるという感じじゃね。

祖賢師匠の下にいたときも、一時飛び出し、絵描きになりたくて、以前いた東京の築地市場の市場新聞で働いたことがあった。しばらくして、やっぱり坊さんになろうと思い直し、師匠に頭を下げて許してもらい、もう一度小僧生活を始め直した。

比叡山を離れて、三重県の三嶽寺に住職として赴任し、十五年ほどその建て直しに取り組んだことも、ある意味では寄り道だった。

そういうちょっと寄り道しながら生きることは、いいことだと思う。寄り道をしたから、自由に自分で選んだ多くの修法も学ぶことができた。神仏がそうさせているわけで、人生の上で必ずプラスになるとわたしには思うね。

人生、寄り道もせず、挫折もなく、順調に歩けるほうがいいと思いがちやね。しかし、そういう人間よりは、多少寄り道をし、挫折もしている人間のほうが、経験や苦労しているぶん、懐《ふところ》が深かったり、考え方が柔軟だったりする部分があるような気がするね。

わたしも東京で市場新聞に勤めて、絵を描くために生活の糧《かて》を得る努力をしたことが、坊さんになってからプラスになっていることは大いにある。

具体的には、普通の人よりは忍耐力が強くなっていると思うし、実際、自分でも、他の人より我慢強いほうだと思う。わたしら僧侶の世界では、どんなに苦しくても、やらないといけないことは絶対にやり遂げる必要があるわけで、途中で修行をやめるわけにいかない。

寄り道など無駄なことだと言うかもしれないけれど、たとえば左遷をさせられるなどしても、神仏が与えた試練だと思い、流されずにその場その場で一生懸命にがんばることが大事やね。必ずあとでプラスになって返ってくると思うよ。

仕事を職業と思ったら世界が狭くなる。道と思ったら無限

二〇一八年五月一日、善光寺の貫主を拝命するにあたり、「伝教大師の『忘己利他』と『照于一隅』は自分の道だから、〝己を忘れて好事を他に与え、自分のポストに全力を尽くす〟その道を進むだけである」と自分の決意のほどを述べた。

仕事（職業）と言うと、食べていくためのもの、生活していくためのものというニュアンスが強いわな。さらに、職業だと思ったら、さまざまな制約があり、どうしても物事に対する世界が狭くなる。うまくいかないと不平不満が出てきたり、ぶつかったりする。

だから、わたしがいつも人に言うのは、「職業と思ったらあかん。道と思いなさ

い。そうすると、無限の広がりや高さ深さが出てくる」と。

わたしは、僧侶を職業ではなく、自分に与えられた道だと思っている。道とは、生活のためではなくて、自分の生き方の世界になる。だから、神道・仏道・剣道・柔道など、重要なことにはみな「道」がつく。修行にも通じるだろうし。道と考えれば、修行と一緒。どちらも一人で努力しないといけないね。

数百のお札を郵送しなくてはいけないときがあった。ある郵便局員に回収に来てもらったとき、その種類の多さに「えっ、邪魔くさいな」と一言。この人はただの物を運んでいると思っているから、面倒くさいなと思ったのやないかな。人の「願い」や「思い」をその人に代わり届けるんだと思えば、とても重要で大事な作業と思えるのではないかな。

職業は狭いが、道は広いし、限りがない世界。道はいくら極めたって、それ以上の上がある。つまり、道というのは、終わることのないもの、期限がなく、永遠にやりつづけないといけないもので、来世までつながっているものやと思う。

イヤな上司がいたとしても、道と思えば腹が立たないし、ぶつかることもないわね。与えられた修行の道だととらえ、右の頬を叩かれたら、左の頬を出すまではいかないにしても、考え方はそれでいいと思うね。どんな職業でも道と思えれば、プラスアルファの生き方ができるにちがいない。

第5章

見えないものを大切に生きる

見えるものより見えないものを大事にする

国内外で天変地異や疫病が起こり、また、最近は命の尊厳も薄く感じられるような事件も頻発している。これは物質文明に重みが置かれ、見えない部分である精神面の薄らぎが原因と考える人も少なくないようだが、わたしも同感やね。日本が戦後おかしな世の中になったのは、まさに目に見えるものばかりを大事にして、見えないものをおろそかにするようになったからではないかと思う。

目に見えないものとは何かといえば、心の世界であり、霊魂や神仏の世界を言う。神仏などというと、ほんとうにおられるのかどうかよくわからないという声を聞くけれど、そういう人にわたしが言いたいのは、「おられると信じなさい」ということ。

要するに、信じるという心が大事であって、信仰とはそういう信じる力をつけるものだと言ってもいいのではないかな。

ご先祖さまでもそうで、祖父母や両親が亡くなると、死んでいなくなったと思っている人が多い。だけれども、「決して死んだのではない。魂はそこにおられる」と思うことが大事やね。亡くなった祖父母や両親は、自分の家の仏壇の中の仏さまや、神道では神棚の神さまのところにおられるのである。だから仏壇に手を合わせるときは、常にそこにおられると思って手を合わせていれば、亡くなった方が見えてくるようになると、わたしは思っている。

神仏の世界は不思議なことだらけで、先祖に対して心から報恩感謝をして、結果としてガンがきれいに治っている人も現実にいる。そういう科学では説明しようがないことはけっこうたくさんあり、お医者さまがびっくりしているくらいやね。これは偶然と言われるかもしれないけれど、わたしはいわゆる神仏のおかげだと信じている。

ほかにも不思議な体験は数えきれないほどある。たとえば、比叡山の弁天堂の輪番で行をしていたとき、錫杖《しゃくじょう》を持ち雲水《うんすい》の格好をしたわたしが、大蛇（龍神）の背中に乗っている光景が目の前に現れ、行った先が現在を暗示していたという、不思議こともあった。

また、わたしが毎月お詣りしている天河大辨財天社《てんかわだいべんざいてんしゃ》の話だが、二〇一一年九月、台風で奈良県天川村に強制避難指示が出されたときに、宮司の柿坂神酒之祐《かきさかみきのすけ》さんは「絶対に避難しない」と言って、神殿本殿の中に一人で籠られて、全村の安全を祈願されていた。わたしも、「宮司がいたら絶対に大丈夫。神社のある山は崩れない」と確信していた。実際、天川村の一部、坪内地区の集落は水没被害が出たものの、本殿、宝物殿は無事だった。宮司の「絶対に大丈夫」という命を懸けた祈りに対して、神仏のご威徳・ご加護があったのだと、わたしは信じている。

わたしも比叡山で似たような経験をしたことがある。弁天堂の輪番でお堂に籠っているときに、台風で土砂崩れの危険があるからと避難指示が出た。そのころ弟子が七人ほどいたから、「おまえらはご供所《くしょ》（壇信徒の食事接待、宿泊所）に行け。わたしはお堂にいる。万が一土砂崩れが起きたら、わたしは必ず本尊の弁財天宇賀神王を抱いておるから」と全員を避難させて、お堂でお経を唱え夜明けを迎えたが、なにごとも起らずにすんだ。善光寺でも、台風で夜中に大木が倒れたとき、ゆっくり倒れたので気づかなかったが、翌朝起きてみたらわたしや副住職の寝所を避けていた。これも神仏のご加護かな。

天河大辨財天社の柿坂宮司は今でも言われている。「わたしは人間の言うことは聞かないけれど、神さまの言うことは聞く」と。自分がそこまで神仏を信心してはじめて、人に信心しなさいと言えるのではないかな。

神仏を拝んでいれば、神仏が生活させてくれる

「道心の中に衣食《えじき》あり、衣食の中に道心なし」。これは伝教大師のお言葉で、道心を持って修行に打ち込めば、衣食はあとからついてくる、とおっしゃっている。祖賢師匠も「神仏を拝んでいれば、神仏が生活させてくれる」と同じようなことを言われていた。わたしはその言葉を信じて、生活の安定よりも修行を優先させる道に打ち込んできた。

先にも述べたが、比叡山を離れて三人の弟子とともに行った先が、水害で本堂を流されて二〜三間のトタン屋根のバラックのお堂と荒廃した庫裡があるだけという三嶽寺。復興しようにも、収入はほとんどなく、どこから手をつけてよいかわからない。

それでも、何もないボロボロの三嶽寺へ躊躇《ちゅうちょ》なく行けたのは、どんな貧乏な寺に入っても、何もなくても、一生懸命に神仏を拝んでいれば、神仏が必ず生活させてくれると言った師匠の言葉を信じたからやったね。

そうは言っても、本堂は倒れてトタン葺《ぶ》きの仮堂、庫裡も荒廃していて箸も茶碗もない。ないないづくしで、仕方なく、信者が届けてくれたプリンを食べたあと、その容器を食器代わりに使って、急場をしのぐような状況だったね。ただ、ご本尊の薬師如来坐像は健在だったので、師匠の言葉どおり、再建を願って毎日ひたすら修行に精進し、拝んだ。

幸い、食べるものは、畑から採れた野菜をいただいたりして、飢えをしのぐことができた。天台宗では、いただいた物は仏さまにお供えしたあと、お下がりとして檀家や信徒に下げ渡すのが当たり前で、三嶽寺でもそうしようとしたら、「とんでもない。お寺から物をもらうわけにいかない。わたしらがお寺にあげるんですよ」と言われてびっくりしたね。三重県に多い門徒（浄土真宗）ではそういう習わしらしく、郷に入れば郷に従えで、届けてもらったものはいただくようにしたが、最初は変な感じだったわね。

湯の山温泉という温泉地にあったせいか、暮れになると、正月向けにお餅やお酒がどっと届く。残しておいても功徳にはならないから、お酒は大晦日にみんなが集まったときや、どんど焼きの行事（左義長祭《さぎちょう》）のときに来た人に振舞うようにした。お餅は何日も置いておけないので、次の日に老人ホームか幼稚園に配らせてもらった。

弟子三人のほかに、一時、檀信徒の家族を寺で預かっていたこともある。あのころは収入がほとんどない中で、どうして暮らしていたのか今でも正直わからない。まさに、師匠が言われたとおり、神仏が生活をさせてくれていたとしか思えないね。三嶽寺のご本尊は、先にも述べたとおり薬師如来さま。わたしはできるだけ香りのよいお香をたくさん献香、焼香するので、如来さまも願いを聞かないと仕方ないなと思われたのかもしれないな。

わたしは、神仏というのは祀《まつ》ってあるのではなくて、常にそこに（生きて）おられるという〝常住生身《じょうじゅうしょうしん》〟を信じている。ただ拝んでいるだけなら、神仏が生活をさせてくれるという言葉にはならない。また、これはわたしがしているのではなくて、神仏がしてくれていると思うことがよくある。

そこに生きておられると信じて神仏を拝めば、坊さんでなくても、食べていくくらいは、神仏がさせてくれるのとちがうかな。とにかくすべてに対して報恩感謝の気持ちを持ちつつ、神仏とご先祖様の冥助（目に見えない助け）を信じることが一番大事やね。

宗派にこだわらず、いいと思ったら拝めばいい

日本人の約六割が、自分は無宗教だと思っていると聞く。キリスト教やイスラム教などを信仰する外国人にすれば、信じられないらしいけれど、日本人は特定の宗教を信仰していないだけで、いわゆる無神論者とは違う。それが証拠に、新年には神社へお参りに行くし、結婚式には教会に行き、お葬式は仏式で行う人が多いわな。クリスマスやハロウィンといったキリスト教の行事も、若い人たちを中心に盛んやわね。それを見たら、神仏の存在を信じていないというよりは、自分に都合よく神仏を利用しているように思うな。

善光寺は、今でこそ天台宗と浄土宗とが共同で管理護持しているものの、もともと

は大和に法隆寺や興福寺など各宗派のお寺ができる以前に創建されたため、宗派はあってないようなもの。全国的に珍しい無宗派だった。だから、天台宗の比叡山でも、真言宗の高野山でも、曹洞宗の永平寺でも、日蓮宗の身延《みのぶ》山でも女人禁制で、女性はお参りできなかった中で、善光寺は女性も子どもも、老若男女、誰でもが宗派にこだわらずに阿弥陀さまをお参りできる、いたって庶民的でオープンなお寺だった。だから、善光寺は何宗ですかと人に聞かれると、わたしは「全宗です」と笑って答えている。

しかも、西国三十三観音霊場、坂東三十三観音霊場、秩父三十四観音霊場の番外札所で、霊場を回って満願したら、必ず善光寺へ仏恩御礼としてお参りをするのが習わしになっているようや。このため、毎日、多くの巡礼者がお参りに来られる。善光寺を訪れる年間約六百万人のうち、観光の方も多いが、大半がこうした巡礼者や一般の参拝客というのも大きな特徴やね。

観光とは本来、見物ではなく、そのご神仏の光を観ること。すなわち神仏に手を合わせてお参りすることで、その神仏のご威光・ご加護をいただきたいという願いであるという。その意味で善光寺は、本物の観光の寺であり、信仰の寺と言える。さらに、信心深い善男善女が全国から「一生に一度は善光寺参り」に来る日本屈指の聖地でもある。ゆえに、庶民の寺とも言われているね。

全宗といえば、比叡山の大講堂には、比叡山で修行して一派を起こした法然上人、親鸞聖人、日蓮上人、栄西禅師、道元禅師、一遍上人らのご宗祖（ご祖師）の各像が安置されている。わたしが大講堂の輪番をしているときは、毎日、本尊を拝ませていただいたあとに、必ずこのご祖師様方に一人ずつご仏飯をお供えし、般若心経一巻ずつお唱えさせてもらった。

善光寺大勧進の寺でも、そうしたご祖師様の画像と要文や、日本の仏教の開祖といわれる聖徳太子、そして、聖徳太子制定の十七条憲法の第一条「和を以て貴しと為す」の文字を納めた一幅の掛け軸が部屋に掛けてあり、毎朝約一時間ほど拝んでから本堂に向かう。いろいろな宗派の人が、さまざまな願いを持って善光寺に来られるからで、善光寺貫主に就任した際、「ただただ、何べんでもお参りしたいと思ってもらえるようなお寺にさせてもらいたいというのが、わたしの最大の願い」と話した真意もそこにある。

各宗派がそれぞれ守るべき真の重要な大道は守りつつ、妥協できるところは妥協して、協調・協和できるところは垣根を越えて一緒にやっていけばいいと願っている。

お互いが心を和らげて調和・協力することが貴いのであって、お釈迦さまはよその宗教を攻撃していないし、戦争のような争いは絶対に認めていない。世界中の人たちが、出すぎず、目立たず、争わず、和を以て貴しと為せば、無益な戦争もこの地球上からなくなると思うよ。

死ぬとか生きるとか考えたら修行はできない

坊さんは生死を怖がったら修行はできない。いろいろ修行をさせてもらっているが、死ぬとか生きるとかは考えたこともない。

天台宗には、九日間の断食・断水をもってする行がある。命に関わるから、死ぬことを考えたら、怖くてできないし、行も中途半端にならざるを得ないわな。

わたしは八日間の断食・断水のうえでの弁財天の浴酒供を七回まで修したものの、八回目に信者であったある病院の院長先生よりドクターストップがかかった。これ以上すると身体に補給できないものがあり、危険だと諭されて、やむを得ず中止せざるを得なかったのやね。その後は、年に一度、精進潔斎《けっさい》（肉食を避け身を清めること）をして続けさせてもらっている。

断食・断水を始めて三日目くらいには、空気に死臭が漂うようになる。何も食べずに動いているから、胃の中のものが剝落《はくらく》しているのではないかな。兄弟子にも仕えたからわかるが、吐いた息からも死臭がしていた。

わたしの場合は、断食・断水行をすればするほどスカッとするというか、頭が透き通ってくる感じだったね。しかし、わたしも普通の人間である以上、喉がカラカラになってきて、果物が供えてあるのを見ると、しぼって飲んだらうまいだろうなと思ったりもする。でもそれより厳しいのが、行が終わって、「はい、今日から何を食べてもいい、飲んでもいい」となったときに、セーブすることだ。

断食・断水を終えて、いきなりジュースはきつくて飲めない。初めは、おちょこ一杯ほどの水を飲むだけ。急にたくさんの水を飲むと、のたうちまわるほど苦しくなる。食事も、病人ではないが、初めは赤ん坊（おかゆ）で、そこから大人（普通の食事）になるのにたっぷり時間をかける必要がある。八日間、九日間の断食・断水の修行ならば、約一カ月かけて普通の食事に戻す。わたしの弟子で十二回断食・断水での行をしたのがいたが、四十歳のときに歯が全部なくなってしまった。

ある僧侶から聞いた話だが、祖賢師匠に神仏があるかないかと問われたときに、祖賢師匠はこういうことがあったと話をされたという。

祖賢師匠が終戦の年に千日回峰行をしている最中にアメーバ赤痢にかかり、血便が出て雨の日に泥水の中にバタッと倒れ、意識も遠くなっていったそうだ。

そのとき、目の前に太い大きな剛毛の足が立っているのに気づき、それにつかまって立ち上がったら、それがお不動さまの足だったそうや。師匠はお不動さまの足をいただいたという心で、それからなんとかまた歩けるようになって、一日一日身体も良くなっていき、満行できたという。

行中は病院にも行けないが、なぜかアメーバ赤痢も自然と治ったそうで、「神仏のご加護は必ずある」と師匠はおっしゃっておられたそうや。

多かれ少なかれ、命がけの行をしているときには神仏は現れる。坊さんでない人でも、人生は「行」。人生でいろいろな困難に出遭ったときには、死ぬことを恐れない覚悟で事に当たれば解決の道が開けると思うね。

樹木葬が流行《はや》るのは、家族の繋《つな》がりが希薄になってしまったから

あるテレビの番組で、五~六十代の女性のグループに、レポーターが「何の集まりですか?」と聞いたところ、「墓友《はかとも》」と答えたので驚いたことがある。墓友とは何だろうとさらに耳を傾けたら、樹木葬の仲間だと言うので、さらにびっくり。樹木葬とは、樹木を墓石に見立てたもので、霊園などが経営しているもの。

なんでも、納骨堂のように一本の大きな木の下まわりに合祀《ごうし》されるらしく、十何人のご婦人が集まって、「自分たちが死んだあとも、誰かがお参りしてくれるからいいわね」などと話している。わたしはそれを聞いて、みんながそう思っていたら、かえって誰も行かないのとちがうかなと思ったね。それだけ家族や人間関係が軽薄になっ

てきているのとちがうかな。

樹木葬は普通のお墓よりも安くつき、お寺とのわずらわしいつきあいもいらないというので、わたしの信者の中にも樹木葬をした人がいた。娘が二人で跡継ぎがいないため、亡くなるときに、「子どもに迷惑をかけないように、わたしは樹木葬でもいい」と遺言したという。奥方はまだ元気だけれども、亡くなったときはやはり樹木葬をするつもりらしい。しかし、いくら安くて手軽であっても、ほんとうに樹木葬でいいのかと思うね。

善光寺大勧進の境内に、檀信徒や有縁無縁すべての人々に利用してもらいやすいよう、最近になって合葬納骨する大勧進永代供養墓を新たにこしらえた。多くのお寺にも似たような納骨堂がある。わたしが坊さんだから言うわけではないが、樹木葬よりそこへ合葬するほうをおすすめするね。なぜなら、わたしら僧侶が必ず、お彼岸・お盆には、供養のため回向《えこう》し、拝むから。心を込めて霊を弔《とむら》うわけで、誰かがお参りするなどといういい加減な話ではない。

また、最近はお墓をつくるよりも墓じまいをする人が多くなっていると聞く。何日までに来ないと処分するとかで、お墓の墓場まであるらしい。

なぜそういう話が出てくるのかと言えば、家族との繋がりがそれだけ薄くなっているからではないかな。夫婦の繋がり、親子の繋がりが希薄なため、家族一人ひとりが独り身みたいなものなんやね。

故郷の山形の田舎では、お盆になったら、子どもたちは遠くにいても必ず帰ってきて、実家に何日間か泊まって墓参りしたもの。それは、おじいちゃん、おばあちゃん、両親に会う楽しみでもあり、孫たちにしたらお小遣いをもらえる楽しみでもあったのと同時に、墓参りのためでもあった。家族の繋がりが薄くなるにつれて、そういうしきたりが崩れてきている。

安易なことに頼ろうとしすぎて、樹木葬や散骨どころか、お通夜もお葬式もしない、墓もいらないという人まで出てきていると聞く。人間の生き方の一角がそこまで崩壊しているかと愕然《がくぜん》とさせられるね。

そこには、今だけ、今日だけ、自分だけという考えしかなくて、あの世とか来世という視点はない。自分が現在楽しい生活ができたら満足というものの考えで、利己主義が悪い方向に行っているとしか思えないね。

木の下に埋葬するなどということは、わたしの感覚では、単なる遺骨として埋めるようなもの。人間は物ではなく、ちゃんと魂があるのだから、しかるべき墓所に埋め、戒名をつけて弔うのが本来とちがうかな。

偉くなるよりも、よく拝み祈る人に

坊さんになる前は社長になりたいと思ったこともあったが、坊さんになってからは、人より偉くなりたいと思ったことはなかったね。肩書きにはこだわりがまったくない。

比叡山では、弁天堂を皮切りに、わたしはどうしても拝むほうばっかりに回されてきたからね。根本中堂、生源寺、大講堂、釈迦堂、横川《よかわ》中堂と、比叡山では大きなお堂の輪番を全部回ったのは、わたし以外にそんなにいないのではないかな。

輪番とは、くるくる回るから輪番と言う。一般の会社で順番に支店を回るように、ここのお堂で何年、こっちのお堂で何年という具合に次々と回らされたのは、わたしがよく祈る（拝む）のを知って、「拝ませておいたらいい」となったのだと思う。わたしにとっては、それまでは、財産管理の仕事ばっかりだったからね。拝むほうに入ったら、これが僧侶としてのほんとうの務めだと思えてきて、それからはずっと拝むほうにばっかり進んできた。

わたしは、祈ることにおいても常に人のことを先に考えるし、自分のためにではなく、人々のためであり、祈るという行為自体が「忘己利他」なのだと思っている。たとえば、善光寺と自坊を行き来する電車に乗っているときも、人々が幸せになるようにと、往復ずっと心の中でお経を唱え続けている。わたしは寝るとき以外、首にお舎利さん（仏舎利）と勾玉《まがたま》を下げており、お経を上げたらそういう人々に通ずるように、そこにエネルギーを入れて拝んでいる。

唱えるお経も祈願や回向のお経の他、トンネルの中は般若心経。

いちばん長いのが北陸トンネルの七分で、般若心経なら五十三回前後かな。木曽福島駅から塩尻駅までどのくらい般若心経を唱えられるかなと思ったら、不思議にも百八回。人間の煩悩と一緒やった。

電車の中だけでなく、お風呂に入っていてもお経。寝床に入ってもお経。お経を上げながらいつのまにか寝ていることも多い。そこまでしなければ、やっぱり、自分の願いが神仏に届かないと思う。頼まれた以上は真剣。

わたしは拝むときには、必ず「常住生身《じょうじゅうしょうしん》の何々」と言う。たとえば、阿弥陀さまに拝むのであれば、「常住生身阿弥陀如来」と唱える。「常住生身」とは自分でつくった言葉で、文字通り、神仏は目に見えなくとも、常にそこに生きておられるという意味だ。つまり、生身の人間と一緒におられるという意味。

弁天さまでも、阿弥陀さまでも、そこにおられるという信念で祈らなければおかしいわね。置いてあるという考えでは、神仏は偶像になってしまう。まさに神仏にかたどった像、それが信仰の対象、崇拝の対象となってしまう。仏像はあくまでも仮の姿であって、それを通して「真実の世界」「信ずる世界」を祈るのやね。

祈ると病気が治ったり、望みがかなったりすることがあるが、それは、その神仏のご威徳・ご加護をいただいて、その人が治ったり望みがかなっていくのであって、わたしの法力ではない。ただ、そういう祈りの方法を知っているから、真剣に祈ったり、拝んだりすることで、それが神仏に通ずるのであって、あくまでも神仏のご加護。そのためには、心から真剣に、神仏は「常住生身」の姿でおられると信じないといけないね。

神さまと仏さまの違いは、表か裏かの違いだけ

わたしは、仏さまと神さまの違いはあまりないと思っている。もともと日本は自然崇拝で、わたしの子ども時分は、太陽も、月も、雷も、滝や岩も、山や川もみな霊魂が宿っており、神さまとして崇められていた。今はそういうことをする人はほとんど見かけないけれど、朝起きたら太陽に向かって、「お日さま」として手を合わせ拝むのは当たり前やったな。

月も「お月さま」と言い、豆名月（陰暦九月十三日の月。枝豆を供えるので言う）、栗名月（陰暦九月十三日の月。この夜の月見に栗を供えるところから言う）、芋名月（陰暦八月十五日［十五夜］の名月を言う。新芋［サトイモ］を掘り、水炊きのまま月前に供え

たりして収穫を祝った）の日には、それぞれ枝豆や栗、サトイモを三方《さんぼう》に載せて、夜になったらお月さまを拝んでいたね。

高い山、滝、大きい岩、大きい木、それらも神さまであり、仏さまであるとされた。雷は「雷さま」、水は自然に「水神さま」だし、大きな磐座《いわくら》、大きな神木、滝などの天然自然のものが神さまだった。八百万《やおよろず》の神々がいた日本。そこへ仏教が入ってきて、宗教をより深く、より高めたのではないのかなとわたしは思う。比叡山にしても、もともとあったのは神さまで、仏教は後から入ってきた。伝教大師が入山する前は、大山咋神《おおやまくいのかみ》を祭祀する霊山だったようで、大師はこの山で修行するにあたり、新たに三輪明神である大己貴神《おおなむちのかみ》を勧請したともいわれている。

だから比叡山は神仏習合の山。神さまと仏さまは表裏一体の関係にあるとも言える。神さまが表であれば、裏が仏さまであり、表が仏さまであったら、裏が神さまであるという関係やね。たとえば八幡さまといえば、昔はいわゆる戦《いく》さの神さまで、その裏は阿弥陀さま。わたしの考えでは、戦争をしたら人間は殺害される。すると、供養や回向には極楽浄土へ導いてくださる阿弥陀さまが必要になる、という関係ではなかったのかなと思う。

八幡さまと言えば、九州の宇佐神宮が始まりで、神社の中に弥勒寺の大きな寺跡があるように、やはり神仏習合だったんやね。仏さまに仏像があるように、神さまにも神像があるものもある。有名なのは八幡大菩薩。神さまだけど、僧侶の恰好をして菩薩になっている。

比叡山も神仏習合の地で、千日回峰というのは、比叡山の峰々を一日に約三十キロメートルにわたって巡り、その方向にある神仏を全部拝む。西は宇佐神宮から東は香取、鹿島神宮まで、東西南北すべての神仏を拝む。だから、わたしは天河大辨財天社をはじめいろいろな神社へも拝みに行っている。

外国では、少し宗派が違っただけで戦争することがある。神そのものは人のためにあるわけで、戦争をするようなことは勧めるはずがない。人間が自分らの都合でしているだけであって、宗教で戦争するのはおかしいと思うな。

今や、科学の力で月の裏側に軍事基地をつくっているらしい。お月さまは日本に限らず、世界中の人が祈ってきた対象だったのに、そんなことをしている時代だから、社会が静まるはずがない。人間の傲慢さもここまできたか、という感じやね。

床の間・仏間は、神さま・仏さまのためにある

今、神棚や仏壇がある家はどれくらいあるだろうか。

豪邸を紹介するテレビ番組をなにげなしに見ていたら、居間も、寝室も、ダイニングキッチンも、子ども部屋も、ものすごく立派だったが、残念に思ったのは、豪邸なのに床の間と仏間がなかったことやね。床の間とは神さまを迎える清浄なところであり、仏間とは先祖を崇拝し報恩感謝するところであるにもかかわらず、その肝心かなめの部屋をつくらないというのは、仏つくって魂入れずと言える。家には床の間や仏間が必要だと知らなかったのか、神仏やご先祖さまのことは頭になく、自分たち家族の生活だけを考えて家を建てたのか、床の間と仏間のない家は、いくら豪邸を建てた

ところで、ただ住んでいるだけにすぎないね。神道においても、天河大辨財天社の柿坂宮司は、「敬神崇祖《けいしんすうそ》、浄明正直《じょうみょうせいちょく》（神や仏、先祖を敬い、清く明るく正直）」に生きることが最重要であると言っておられる。

第一、床の間がなくなれば、昔のしきたりもみな消えてなくなる。正月になったら床の間には、三方の上に水引きを敷いて裏白《うらじろ》の上に鏡餅を重ね、昆布や串柿を飾るわな。串柿は左右に二つずつで、中は六つ。外はニコニコ、仲睦まじく、無病息災という意味で六つ。裏白は裏表がないよう、昆布は喜ぶ。ミカンではなしに、代々続くようにとの願いを込めて橙《だいだい》を載せるのが本来だと聞くね。

床の間に鏡餅を飾ることで、正月に新しい年（歳）神さまをお迎えして、十五日間お祀りする。だから、昔は床の間が上座にあって、次に仏壇があった。実際、古い造りの旧家へ行くと、床の間の下座に仏壇が置かれている。

鏡餅は正月飾りを終えたら、餅を割る、餅を切るとは言わず、「鏡割り」「鏡開き」と言って食し、正月の間に飾ったお飾りやしめ縄、門松などは、お寺や神社で行われるどんど焼き（左義長）で、燃やすのがしきたりやね。年神さまを炎とともに天に送るわけで、山形の田舎では、地元住民が古い飾りものを持ってくるから、三日くらいは燃えつづけていた気がするな。とくに書いた習字の紙を燃やし、その紙が高く舞い上がるほど字が上達すると信じられていたように思う。

そうした行事を通して、日本人は神仏に近づいていたと思うが、床の間や仏間が家の中から消えていくとともに、いつの間にか、神さまや仏さまの存在を真剣に信じるような世界がなくなったように思うね。神仏が拠り所になっていないから、やりたいことをやる。それがいいことだったらいいけど、悪いほうに走るやろ。人を殺してみたかったから殺したとか。

人間の力ではなんともならない場合には、最後に頼るのはやっぱり神仏じゃないかな。家の中に床の間や仏間がないのであれば、部屋に小さくてもいいから仏壇を置いて、先祖や有縁の人に対し、朝に願い、夕に報恩感謝のための合掌をすることをおすすめしたいね。そして、ご先祖さまを死んだと思わずに生きておられると思い、朝夕に手を合わせて感謝し、少しでも現世でより良い生活ができるようお願いする生活を送ってはどうだろう。きっと幸せで心穏やかな日々を送れるにちがいない。

仏壇には明るさ、厳しさ、美しさの三要素が必要

仏壇は、手を合わせていればそれで良いというわけではなく、毎日お茶や水を入れ替え、ロウソクに火を灯し、線香を供え、花は枯れる前に新しいものと交換する必要がある。邪魔くさいと思うかもしれないが、仏壇にお供えする水、ロウソクの火（灯《とう》明《みよう》）、線香、花は、それぞれに意味があるから、ぜひ励行してほしいね。

水は、生活に欠かせないものだから。灯明をあげるのは、家庭も、世の中も暗いより明るいほうがいいからと光を灯すため。線香は生活の規範、いわゆる仏法を表す。いわば、灯明と線香で明るさと厳しさを示しているのだけれども、それだけでは不十分。人間にはやっぱり優しさ、美しさが大切だということで、きれいな花を供えるわ

けやね。

明るさと厳しさと美しさというこの世の三要素が、灯明と線香と花に込められている。だからこそ、線香と水とロウソクの火は毎日、花は枯れてきたら取り替える。ほかに、炊きあがったばかりのご飯や、いただきもののお菓子、果物を供えたりもするが、それらはあとで仏さまのお下がりとして、必ず家族で食べるようにしないといけないね。

最近、安全だからか、プラスチック製の灯明などを見かけるが、わたしはおすすめしない。お供えでも、プラスチックでできた果物などは、人間も食べられない。なのに、ご先祖さまだったらいいのかという話やね。自分たちが食べられないものをご先祖さまにあげたって食べることはできず、何の供養にもならないように思うな。

禅宗に限らず一般的な座禅（止観）のときには、一本の線香を立て、それが燃え尽きる時間の三十分を「一炷《いっちゅう》」として座禅を行じ、座禅の時間を計るのに用いていると聞く。また天台宗では、一本か三本の線香を立て、祈るのが一般的とされている。

いずれにしろ、灯明、線香、お茶や水、花、さらに炊き立てのご飯やお菓子、果物などは、ご先祖さまは決して死んだのではなく、仏壇の中におられるという気持ちでお供えをし、手を合わせるようにしてほしいね。

あの世に地獄はない。この世が地獄だから

あるとき、知り合いの信者の方から突然電話がかかってきた。出ると、「和尚《おしょう》、地獄ってあるのか」といきなり聞いてきた。「そんなものはない」と答えたら、「なんでないのや」とさらに聞いてくる。「この世が地獄や」とわたしが言ったら、その人は「わかった」と返事をしたものの、どうも様子がおかしい。詳しく事情を聞くと、医者から末期ガンと診断されて、落ち込んでいたからだった。死を意識しての質問だったわけやね。

悪いことをしたら、死んだら地獄に落ちるとよく言う。ウソをついたら閻魔《えんま》大王に舌を抜かれるとか、血の池や針の山で苦しむとか、おどろおどろしい地獄絵を何かの

機会で見た人もいると思うけれど、現在の世の中のほうがよっぽど地獄だとわたしは思うね。

電車を待つためにホームに立っていたら、いつ後ろから押されるかわからないし、道を歩いている最中に、いつどこで刺されるかわからない。横断歩道を渡ろうとして、車の暴走に巻き込まれることだってある。殊に昨今は、親が子を殺したり、子が親を殺害したり、無益な殺生も多くあり、まったく百鬼夜行ではなく百鬼昼行だ。悪鬼たちが夜ではなくて昼間に走っているのが今の世の中であり、まさに、この世は地獄やね。

その地獄をなにごともなく生き抜くには、いろいろと努力をする必要があるだろうけれども、第一には仏壇やお墓に手を合わせることだと思うね。常にご先祖さまを供養して報恩感謝していれば、ご先祖さまも守ってくれる。

先の信者の方も十年以上墓参りをしていないと知り、わたしは、定期的に墓参りをするようにアドバイスした。その方はそれを聞き入れてお墓参りをするようになり、今も元気に暮らしておられる。

ある人が不慮の災害で亡くした妹のことが頭から離れないと言うので、わたしは、「死んだと思ったらあかん。生きていると思わないと。往生という言葉は往《い》って生きると書くやろ。妹さんは往った先の、極楽浄土の阿弥陀如来さまのもとで生きておられると信じることやね」と言った。

信じている先に如来さまがおられる。如来とは来る如くと表記するように、往くのではなく、往復でいえば、復のほうやね。阿弥陀如来は阿弥陀の極楽浄土の世界から迎えに来られる如来で、大日如来、薬師如来もそう。みな人々を救済に来られるということであり、わたしらは亡くなったら、その世界へ往って生きるわけ。もちろん地獄もない。

おみくじは、吉より凶を持って帰ったほうがよい

みんな、おみくじを引いたあとどうしているのかな。善光寺で見ていると、いい結果が出たのか、仲間とうれしそうに喜んでいる人もいれば、悪いのを引いたのか、張られた紐に結んでいる人もいる。「凶」は縁起が悪いので、神社やお寺でお祓いをしてもらおうという願いでそうするのかもしれないけれど、凶を結んで吉を持ち帰っている。じつは、逆に、吉は結んで、凶のおみくじは持って帰るようにすべきなのや。

「凶を持ち帰るなんて縁起でもない」と思うかもしれないけれど、凶のおみくじをよく読むと、後ろのほうにこういうふうにしたらよくなりますよと必ず書いてある。それが重要であって、家でそれを何度も読み返して実行すれば、運気も好転すると思う

な。反対に吉だったら現状で良いのだから、紐に結わえて置いていったらいい。

昔は紐ではなく、木の枝に結んでいた。いつまでも放っておくわけにいかず、外して掃除するのだけれど、手間ひまがかかるうえに生木にもよくないので、根本中堂の輪番をしているときに、「生木に結んだ人は災いが多い」と印刷した紙を木にぶら下げたら、ピタッとなくなったね。

これは、比叡山の阿弥陀堂のドアに落書きする人が後を絶たないから、そこのある大僧正が「ここに落書きする人は、病気をしたり、早く死んだりしている」と紙に書いて貼ったら、誰も落書きをしなくなったと聞いていたので、真似したんやね。最近は生木に結わえなくても、紐を張って結わえるようにしている。善光寺は、生木には絶対に結わえないでくれと書いてある。

おみくじについてもう少しふれておくと、日本で最初に考案したのは、比叡山延暦寺の中興の祖で第十八代天台座主・慈恵大師《じえだいし》（良源、別名元三大師《がんざんだいし》）と言われている。本来は自分で引くのではなく、相手から相談を受けたことを心に入れて、坊さんが如意輪観音を拝んで引き、答えを出すものだったけれど、いつごろからか自分が引くようになった。

昔はおみくじには和歌一首が書いてあるだけで、引いたら坊さんがそれを判断して相談事に答えるのだけれど、その歌が不思議と相談事に合うのやね。

わたしが無動寺弁天堂にいたころ、三人連れの女性が「判断してください」と引いたおみくじを持ってきた。そこで、「どういう心で引いたんですか」と聞いたら、「なんとなく引いた」と言う。健康とか縁談とか、引いた人の思いをふまえて歌を読み取り、判断しなければいけないのに、「なんとなく」では答えようがない。わたしがそう言ったら、不満そうな顔で出ていったが、なんとなく引いたおみくじにはなんとなくしか答えられないわな。

その後、和歌一首で判断するのは難しいということで、機械に百円を入れたらおみくじがポンと出てきて、そこには健康や縁談など、なんでも書いてあるものに変わった。その結果、寺の坊さんと信者との接触がなくなった訳やね。歌を読んでもわからないから、坊さんのところへ説明を求めに来る。その解釈がよく当たる・当たらないということで、お参りの人数にも影響してくる。だから坊さんも一生懸命説明する。それが、機械にお金を入れたらおみくじが出てくるのでは、坊さんが判断する必要もない。

合理的で便利なものがいいという考えが、こういうおみくじにも及んでいるわけで、ほんとうにそれがいいことなのか。真剣に考えるべきではないかな。

今は極末法の時代

近年、国内外で地震、津波、火山噴火、洪水、竜巻、山火事など、天変地異が頻発しているだけでなく、新型コロナウイルスという感染症が世界中に拡大し、ＷＨＯ（世界保健機関）によってパンデミック宣言が出されたのも記憶に新しい。自然の構成員である人類が傲慢にも、自分の母なる自然を破壊しておいて、文明の進歩だなどと豪語した結果がこれではないのかと指摘する声もある。

森林を伐採し、山を削り、海や湖などを埋め立てる。大気汚染、水質汚染などの環境問題が指摘されてずいぶん経つのに未だに改善されず、最近の異常気象の原因は地球温暖化によるものだとも言われている。あちこちで被害が出て、大勢の人が亡くなっているのに、温室効果ガスの排出規制に反対する指導者がいるということは、よっぽど懲りないんやね、人間社会は。

最近、人の命の尊厳に関わる事件が相次いでいるが、これなども物質文明が進んだ結果、目に見えない部分である精神性への意識が薄くなったためではないかと思うな。神仏を大切にする。ご先祖さまを大切にする。そうした当たり前の精神性が古くさいものとして軽視されて、人の命もずいぶん軽くなってしまった。

人の命と言えば、厚生労働省の推計では、二〇二五年からの日本は年間百五十万人もの人が死ぬ〝多死社会〟となり、「団塊の世代」の高齢化に伴う死亡者数がピークに達する二〇三八年には、実に年間死亡者数は百七十万人にのぼると言われているわね。死者の数が出生数を倍近く上回るため、人口は減っていく一方。この多死社会を前にして、今後ますます宗教の果たすべき役割が大きくなってくるのとちがうかな。

今の時代を見ていると、コロナ禍でやりたいことができないなど、終末期の最終章に差しかかっているような気がする。末法で言えば、「極」が付く極末法で、ある意味、神仏が与えた試練だと思う。

世の中が乱れ、まさに百鬼が昼行する極末法の時代。わたしら宗教者に求められている責任は大きいと思うね。たとえばコロナのようなパンデミックが起きたら、神官から僧侶まで、すべての宗教者が自分の本職に戻ってそれなりの努力をし、真剣に祈らないといけないと思うね。お互いに争い、殺し合っている場合ではなく、人類平和のために協調・協和していく必要があるわけで、仏教の出番が必ず来ると信じている。

清く、正しく、正直に生きる

わたしは、清く、正しく、正直に生きることが人間の生き方としていちばん大事なことであると思う。また、わたし自身そう生きたいと願って、これまで生きてきた。いまの天台座主、森川宏映猊下は「清く、正しく、貧しく」がモットーと聞く。

よく、大木にたとえて、幹や根っこが神仏の言葉、枝葉が人間の言葉と言われるね。枝葉というのは、風が吹けば動く。東から風が来たら、枝葉は西に動き、逆もまたしかり。しかし、幹や根っこは少々の風では揺らぐことはないわね。つまり、人間の言葉は風でふらふら動く枝葉のようなものだけれど、神仏の言葉は幹や根っこのように動かない。これこそが神仏の真実の言葉、つまり「真言《しんごん》」を指すのやね。

世の中を見てると、真言（真実の言葉）があまりにも少ないように思うな。自分たちの都合や思いこみで話したりするから、意味も違ってきたりもする。真言である以上、一つの言葉の意味は同一でなければならない。

その場その場で都合の良いことを言うのは、ウソの世界にいるのと一緒。みんながウソいつわりなく正直に生きていけば、事件やトラブルなんかはあまり起きないはずなのに、今の日本がギクシャクしているのは、お互いに思いやりがなくなってきている証拠やないかな。

世界の首脳が「平和、平和」と言っているけれど、口先だけで、やっていることは逆さま。作っているのは戦いのための武器ばっかり。真言には程遠いわな。ほんとうに平和を願うなら、「和を以て貴しと為し、忤《さか》うること無きを宗とせよ」という聖徳太子の十七条の憲法の精神を大事にすること。それがなかったら争いはやまない。

わたしが生まれ育った山形県の田舎は、実家のお寺のお堂は開いたままだったし、そもそもドアに鍵をかけている家がまずなかったな。どこかよそへ出かけるときは、隣家のおばさんに鍵を預けて留守番を頼んだくらい平和で、誰もが清く、正しく、正直に生きていた気がする。そんな世界で生きてきたから、今の世の中はなんとも世知《せち》辛《がら》く感じるね。

伝教大師が七八八年に比叡山延暦寺を開かれたときに、「明らけく　後《のち》の仏の御世《みよ》までも　光りつたへよ　法《のり》のともしび」との願いを込めて、灯明をかかげられた。

「後の仏」とは弥勒菩薩《みろくぼさつ》のことで、お釈迦さまがおっしゃった弥勒菩薩がこの世に出てこられる御世までこの光を守っててくれ、ということ。以来、その火は根本中堂に千二百年以上にわたって灯りつづけているわけで、「不滅の法灯」とも「消えずの法灯」とも呼ばれ、天台宗のシンボルでもある。ただの火ではない。そういう志《こころざし》がいちばん大事なのとちがうかな。

伝教大師が偉いのは、自分を拝まなくてもいい、自分の志を人々に伝えるようにと遺言していることやね。坊さんの魅力は何かと言えば、このように生き方が清廉潔白だということ。

なので、やはり生まれ変わったら、もう一度坊さんになりたいと思うね。

エピローグ——仏門への道

わたしのことを知らない方が多いと思うので、最後に私のこれまでの人生を紹介させていただきたいと思う。

生まれたのは一九三三（昭和八）年。知らぬ間に齢八十七歳を超え、米寿に手が届く歳になった。生まれたところは現・山形県天童市の山口という集落。田舎で、玄関に鍵をかけている家は一軒もなく、つくったおかずを隣近所におすそ分けするような、貧しくとものどかな、平和な村やった。

父親は東京の湯島天神でアルバイトをしながら通学し、皇學館大学第一期生として卒業した。その後、地元の熊野神社で神主をやっていたが、なぜか、途中で神官から坊さんに変わり、わたしが生まれたころは高瀧山光明院という、やはり地元のお寺の住職をしていた。四男坊の末っ子だったわたしは、家を継ぐ必要はなく、将来坊さんになるつもりもなかった。腕白《わんぱく》で、村の同級生らとつるんでいろいろ悪いことをして遊び回る、やんちゃで元気な子どもやった。

父は、いわゆる今でいう霊能力のある人で、弟子も多くいた。たとえば信者が祈禱を頼みに来ると、必ず弟子二人を横につけて応対した。一人は信者と降霊した父とのやりとりを筆記する役、もう一人は、寺の本尊であるお不動さまが、祈っている父に降りてきたときに、その言葉を信者に伝える役だった。

まだ小さかったころ、わたしはその様子を戸の隙間から覗き見したことがあった。見ていて驚いたのは、お不動さまが降りた父は祈禱を終えると、座っていた台からそのまま横へ滑るように一メートルほど飛んで、弟子二人がいるところへドンと落ちて引っくり返ったこと。「お父さんが大変だ」と思ったが、体が硬直していたからだったのか、弟子たち二人がそっともみほぐすと父は元に戻った。母からはよく「子どもは見たらいけない」と怒られたが、どこか怖いもの見たさというか、子ども心に興味があったな。

父は漢方薬にも詳しくて、信者も弟子も多かったね。法要や行事のときには信者や弟子のみんなが集まってきて本堂や庫裡などでごろ寝をするため、わたしの寝る場所がなくて、仕方なく押し入れの中で寝たことも多かった。ただ、父のようになりたいとも、跡を継ぎたいとも思わなかったな。絵が好きだったので、将来、絵描きになりたいと子ども心に漠然と思っていた。

高等小学校七年（現・中学一年生）のときに終戦。軍国主義からいきなり民主主義の世の中に変わり、教科書も墨で黒く塗りつぶされた。物資は不足していたものの、周りは農家ばかりだから、都会と違って食べるものには困らなかった。魚や肉や卵はめったに口に入らなかったけれども、病気ひとつしなかった。

高校一年生のとき、結核で寝込んでいた長男が入院中、学校から家に帰ると親族が集まって話をしているのが聞こえてきた。聞くともなしに聞いていたら、どうもわたしの名前がたびたび出てくる。次男もいたが、どうやら長男の代わりにわたしを寺の跡取りにという話らしい。当時は結核は不治の病と言われており、長男が死んだら、結婚している長男の嫁とわたしを一緒にさせて、跡を継がせようということだった。しかしわたしの内心では、入院していてもまだ生きている長男がいるのに、と怒りさえ感じたね。

民主主義の世の中になったというのに、わたしの気持ちを無視して、父や親戚の大人が勝手にわたしの将来を決めることに不安と怒りを感じて、家を飛び出した。まだ高校生のわたしにしたら、理不尽だわな。兄に加えて母も病気になり、二人の治療費で家計が苦しく、高校をやめざるを得なかったこともわたしの心に重くのしかかり、家を出て自活しようと思った。

同じように貧乏な家の同級生がいたから、「おまえも学校をやめろ。これから山で仕事するから一緒に来い」とむりやり誘って、二人して山に入った。そのころは薪《たきぎ》が重要な燃料だったので、山の木を一山買い、伐採して薪の大きさに切って町に売りに行った。高さ五尺×幅五尺の薪を「五×五」（ごうごう）、高さ五尺×幅十尺の薪を

「五×十」(ごとう)と言い、後者のほうが高く売れる。しかし、思ったほど儲からず、二人で一生懸命に薪づくりをしても、食うだけで精いっぱい。結局、一生山の中にいてこんな仕事をしていても立身出世はできないと思い、二年ほどでやめたんやね。幸い、長男は当時一本三千円もした特効薬の注射が効いて回復し、わたしが寺の跡を継ぐ話も立ち消えになっていた。

東京で市場新聞の文選工に

立身出世するにはやっぱり都会へ行って働かないとダメだと思い、同じ村の者が東京築地市場の製氷会社に勤めていたので、その人を頼って一人で東京へ出ていったんやね。上野から築地市場までは運河沿いに歩いていったのを覚えている。朝鮮戦争のさなかで、築地市場には魚市場の他に果物があり、青物市場の半分が米軍に接収されて、戦争で傷んだ戦車や武器の修理をするなど物々しい雰囲気だったな。

市場新聞で働くことになり、わたしは若いからと文選工の見習いに回された。まだ、新聞が活版印刷されていたころで、記者の原稿にそって活字を一文字、一文字、活字箱から拾うのが文選工の仕事。それを別の係りの者が新聞の形に組み上げて、印刷をする。原稿を見ながら活字を拾っていくのは一日中立ちっぱなしで、かなりの重労働だったな。

当時の東京のサラリーマンの平均月給が一万円だったのに比べ、中卒扱いのわたしは月四千円で、寮費が月四千円のため、一円も残らない。かわいそうだからと、仲間から食事づくりをする条件で、寮費を三千円にまけてもらって、浮いた千円で下着を買ったりした。また、社長にかわいがられていたので、土日には社長の自宅に掃除をしに行って小遣いをもらうという生活をしていたね。

終戦から数年が経つというのに、まだ芝の増上寺付近の防空壕に人が住んでいて、穴から煙が出ていたのを記憶している。当時の会社の寮は、麻布の中の橋というところで、クリーク（水路）には大きな鯉がたくさんいた。周りにある大きな建物といえば、日赤とソ連大使館くらいのもので、外務省のそばを通って、業者のところへ印刷用の写真版をつくってもらいに行くのだが、建物が黒く墨で塗ってあって、戦争の痕跡があちこちに残っていたな。

文選の仕事は一年ほどでやめた。立ちっぱなしで腰が痛くて寝られないうえ、市場の人たちは荒っぽい。ケンカはするわ、酒を飲むわ、女遊びはするわ。そんな荒れた生活を目にして、こんなところにいたら、自分も同じように流されてしまうのはかなわないと思い、親に頭を下げて田舎に戻った。

祖賢師匠に弟子入り

実家に戻ったものの、荷物を置いたまま何もせず、もう一度東京か大阪へ出ていくかどうするかと考えていたときに、滋賀県にある比叡山高校へ入学していた同じ年のいとこが、夏休みで寺に遊びに来たわけやね。「おまえ、東京で働いているのとちがうのか」と聞くので、「いや、戻ってきて、どうするかいま自分の将来のことを考え直しているところや」と言うと、「比叡山へ行かないか。比叡山で坊さんをやろう」

と誘うのやね。「おれ、坊さんになるのはイヤや」と断っても、「なら、ならなくてもいい。ただで食べさせてもらえて、修行や勉強もさせてもらえる。そのあと、どうするか考えたらいい」からと誘われた。

そんな都合の良いところやったら付いて行くわと、いとこと一緒に行くことにした。別に坊さんになろうと思ったわけではなく、ただで飯を食べさせてもらえて、坊さんになるかならないかはあとで考えたらいいと言われて、「それなら」と行くことにした。十七、八歳のころで、比叡山も、比叡山高校もよく知らなかったのに、安易に決断したんやね。

比叡山とは京都府と滋賀県の県境にある標高八百四十八メートルの山だが、天台宗の宗祖・伝教大師最澄が七七八年に開いた比叡山延暦寺を略して言うこともある。比叡山高校は、その延暦寺が運営する中高一貫校。伝教大師の精神を教育の根本として、一八七三（明治六）年に創立された歴史ある学校で、戦後は一九四八（昭和二十三）年の学制改革をきっかけに、宗門以外の一般生徒も広く募集するようになっていた。だから、わたしも普通高校へ行くような軽い気持ちで、いとこに付いて行ったんやね。

比叡山のふもとの大津市坂本にある玉蓮院《ぎょくれんいん》という寺で、いとこから初めて叡南祖賢《えなみそけん》師匠を紹介された。師匠はそのころ、輪番で明王堂の阿闍梨をされていて、山を下りてくると玉蓮院で寝泊りされておられた。それが師匠との初めての出会いやったな。偉大な人というのは、初対面でものすごく大きく見えるもので、わたしは圧倒されるものを感じたことを痛切に記憶している。

のちに、臨済宗妙心寺派管長をされた梶浦逸外《かじうらいつがい》老師が、師匠のところへ訪ねてこられたときも、玄関で応対に出たわたしは、その恰幅の良い堂々たる姿に、祖賢師匠と同じく神さまや仏さまに近い人だと感じ、思わず無意識のうちに手を合わせていたな。それ以降、何宗の人であろうともできるだけ自分から合掌して頭を下げることを心がけるようになったけれど、無意識に合掌したのは、これまで祖賢師匠以外では梶浦老師ひとりだけやった。

明王堂で小僧見習いのようなことをしながら、一年ほど師匠と一緒に生活していた。師匠のところにお客さんが来られたら、お茶をお出しする。そのお客さんとの話をそばで聞いていたら、これがすごい。来客が何人見えても、会ってテキパキとこなされる。まったく聖徳太子かと思ったな。それでいて、厳しいところは厳しい。すごいお坊さんがいるなあと思っていたな。一方で、お寺のことをしながらも、わたしはお坊さんになる気がないため、いつ東京へ出ようか大阪に出ようかなどと考えていたりもしていたね。

そうこうしているうちに師匠に呼ばれて、「おまえ、わしの弟子にしてやろうか」と言われた。弟子になるということは、師匠を師僧として、天台宗の坊さんになることを意味する。わたしとしては、世の中にこんなにすごいお坊さんがいるのか、と日ごろから師匠を神さまか仏さまと感じ、心から尊敬していたので、「東京や大阪で働くよりも、こういう立派な方に育ててもらうほうがいいのとちがうかなあ」と思い直し、お願いしたら、師匠が覚えやすいようにと、ご自分の誕生日と同じ日に得度をしていただくことができ、お坊さんの道に入った。

後悔は全然していないな。師匠に育ててもらったおかげで、今の自分がある。感謝の念でいっぱいやね。先にも言ったとおり、今でも師匠を神さまか仏さまと思っており、亡くなられたあとも自坊の本堂や善光寺の自室の仏間に写真を祀り、毎日手を合わせている。師匠はお茶（緑茶）が好きで、京都の一保堂茶舗までよく買いに行かされたな。わたし自身はお茶を絶っているが、報恩感謝の心で師匠の遺影の前にはいつも朝夕に玉露を淹《い》れて供えている。

弟子入りしたことで、師匠の下から比叡山高校へ通うことになった。薪の商売や市場新聞で働いて三年間ほど寄り道したぶん遅れて高校に入ったため、ほかの高校生が子どもに見えてつまらなかったね。その中で、わたしと同じように色々な事情で遅れて入学した同い年の仲間が三人おり、たちまち仲良くなって一緒に遊ぶようになった。

いまは反省しているのだが、当時は悪いこともいっぱいしたな。授業中に先生に内緒でウイスキーの回し飲みをしたり、カンニングをしたり。試験問題を予測してそれぞれ勉強するところを割り当て、試験のときに答案用紙を素早く見せ合うのだが、予測が外れると白紙で出したこともある。学校も気づいていたんだろうね。試験のときには、わたしたちの学級だけ、監視の先生が三人も横に立っていて困ったこともあったな。

わたしらは終戦までは兵隊へ行ってお国のために死ぬことを教育されてきた世代だから、命など惜しいとは思わない。無鉄砲な人間だったので、上級生からも下級生からも怖がられた存在だったらしいね。

比叡山高校を卒業後、叡山学院を経て本格的に小僧生活に入り、一九五九（昭和三十四）年に延暦寺一山住職にしていただいた。小僧時代は何の楽しみもなかったから、住職になったとたん、世に言う糸の切れた凧のようなもので、「そら、遊べ！」と野放し状態みたいなものやった。いま考えると冷や汗ものだが、仲間とあちこち飲み歩き、ヤンチャし放題。師匠にもずいぶん迷惑をかけたな。でも、そういう生活があって今のわたしがあると思っている。

行を離れて画家の道を志す

一度、修行の道を離れたことがあった。比叡山高校へは一年から入りなおして三年間通ったけれども、会社へ入ってはじめて、その会社の裏が見えてくるように、三年間も僧侶の世界にいると、お坊さんの世界の裏も表も少々見えてくる。お坊さんも一般人も一緒ではないかと思うと失望して、だんだん前から好きだった絵を描きたいとの思いが強くなってきたのやね。

山形にいるときに、通信教育で絵の基礎を一～二年間勉強したことがあり、将来は絵描きになろうと思って、いろんなことを調べたり、見たりして道を探していたこともあった。油絵や水彩、墨絵などいろいろ描いてみたものの、油絵はお金がかかるので断念。墨絵なら安くつくので、修行をしながらコツコツと描いていたが、だんだんと画家への思いが募ってきたのやね。

斎藤茂吉に傾倒し、常々詩を書きたいと言っていた兄弟子がいたので、「詩を書きたいのなら、わたしが先に東京の兄貴分のところに出るから、あなたも出たらいい」と声をかけて、二人で比叡山を出ることにした。行中だったため、途中で行を投げ出して逃げたと思われたらかなわない。そこで、満行の日に、師匠に書き置きを残し、兄弟子には「来る段取りをしておきますから」と言い残して寺を後にしたわけや。東京麻布、中の橋近くにあった市場の寮へ舞い戻り、仲良くしていた兄貴分に事情を話して、もう一人来るのでそいつも頼むとお願いして兄弟子を待った。

ところが、後から来た兄弟子は山形県の山寺一山の自坊の息子だったから、途中ですぐ戻っていってしまった。わたしは今さら実家へ戻るわけにいかず、行きがかり上、市場新聞社に再就職するわけにもいかない。絵描きになるあてもないまま、なんとかアルバイトで糊口《ここう》をしのぐ生活。市場の知り合いも応援してくれたものの、頭に浮かぶのは師匠のこと。やはりもう一度謝罪して、比叡山の師匠のところに戻ろうと思ったが、今さらどういう面《つら》を下げて師匠のところへ行けばよいのか……。

さんざん考えて、兄弟子の寺へ行き、「ぼろ衣でいいからくれませんか」と頼み込んだ。「何をするんや？」と聞かれ、「全国の神社仏閣を回って礼拝し、最後に師匠のところへ行って謝る」と言ったら、「そんな余計なことは考えずに、素直に謝って帰ったらどうや」と言われたのやね。

よく考えたら、それもそうだなと思い、師匠に頭を下げて謝り、戻った。書き置きをして飛び出してから約四カ月後のことで、師匠は怒るでもなく、穏やかな口調で言われた。

「えらい短い旅行やったなあ」

その思いやりに溢れる一言に思わず涙がこぼれた。そして、師匠から「お前みたいなものは、今日から山へ上がれ」と言われ、修行のやり直しのために山に上った。修行がつらいとか、お寺がイヤだったから、山を離れたわけではなく、ただ絵が描きたかっただけにすぎない。師匠は、絵への執着がわたしの頭から抜けないことを見抜いておられたのだろうね。「おまえはもう絵を描くな。描きたければ、一生に一枚だけ描いたらいい」と禁止令を出された。このとき、僧侶は自分の道だと思うまでになっており、二度と修行を離れようと思ったことはない。

再び絵を描くようになったのは、師匠が亡くなられてからやね。数年たったのでもう怒られないだろうと、また仏画だけを描き出した。絵を描くのは、心が鎮まるなど、仏教の修行に役立つ一面があった。いちばん多く描いたのは観音さまで、大日如来さまや阿弥陀如来さま、お不動さま、弁財天さま、毘沙門天さま、大黒天さまもよく描いたね。描き出したら描き終えるまで手、筆を止めるわけにいかない。髪の毛一本でも筋が変わってくるからで、夕方に描き出したら、翌日の朝に描き上がるまで筆を止めなかったね。

描き上げた仏画は、檀信徒に差し上げた。そのほか、修行に入る若い僧侶にも、行を無事に全うできるようにとの祈りを込めて、仏道修行者を守る役割がある不動明王の絵をわたしたりした。ただ、善光寺へ行ってからは、描くのをやめた。もう十八年になる。描かなくなったら、線がてきめんにダメになった。恐らく二度と描けないだろうね。

僧侶の教育に力を尽くされた祖賢師匠

現在、比叡山横川《よかわ》に比叡山行院という修行道場があるのをご存じだろうか。あれも、祖賢師匠が一九四九（昭和二十四）年四月に無動寺谷宝珠院に自費で開設した比叡山修行院が始まり。全国の末寺の跡取りを比叡山で三カ月間修行させて、立派な僧侶に育てたいと興された教育機関で、教授陣には師匠ご自身の知り合いの優秀な学僧を招かれるなど、師匠は坊さんの教育に非常に力を入れておられた。わたしも得度を終えたあと、そこで四度加行《しどけぎょう》※4などの行を修了し坊さんになったわけで、のちに天台宗の公の組織である比叡山行院に引き継がれることになった。

※4 四度加行

密教にて伝法灌頂を受ける前に行われる四つの修法のこと。十八道法、胎蔵界法、金剛界法、護摩法がある。

こうした教育システムができても地方には貧しい寺が多く、子弟の中には比叡山に来たくても経済事情で来て修行できない子がいることに、師匠は心を痛めておられた。天台宗の僧侶として、一生の間に一度も比叡山へ修行に来られないのは問題で、何とかしてそういう貧しい寺の子を比叡山で預かって、一人前にして帰すことはできないのか。それには資金がいると考えた師匠が、その資金源として開いたのが現在の奥比叡ドライブウェイで、その通行料は教育財団の資金に入るようにした。

奥比叡の開発が公表されたとき、山を守らねばと思われたのか、作家で大僧正の今《こん》東光《とうこう》氏が先頭に立って反対の旗を振った。ドライブウェイであげた収益で僧侶を育てるのが目的だと熱心に説得し、解決に導いたのも祖賢師匠だったね。

わたしは管理課にいて、奥比叡ドライブウェイには最初から関わった。国定公園や鳥類繁殖地、風致地区に指定されており、できるだけ見えないところに道をつくれというのが国の方針だった。山頂に登ってどこの道路が見えるかをチェックし、その箇所に重点的に桜、もみじなどの木を植えた。また、比叡山の下、琵琶湖沿いの国道一六一号線から見上げて、ドライブウェイが見える場所にも桜や紅葉を重点的に植えて、景観が壊れないように努めた。その甲斐あってか、今は春の桜まつり、秋のもみじまつりで賑わうようになったね。

延暦寺というとどうしても東塔の根本中堂が中心で、奥比叡の横川まで足を延ばす人は、今でも多くない。師匠はドライブウェイが開通したら、車社会だから行く人も増えるだろうと、今の国宝殿の前身である宝物館でもあった秘宝館を新設したり、焼失した恵心堂を再建したり、落雷で焼失していた横川中堂を再建するなど、横川の開発にずいぶん力を入れられた。横川を少しでも発展興隆させたいと思われたんやね。

また師匠は、一流の政財界人に声をかけて「比叡山法灯護持会《ほうとうごじかい》」を組織された。寄付が目的ではなく、有識者や大企業の経営者の方々に比叡山を立て直すために知恵と知識を借りたいということで設立された会で、初代会長は大阪商工会議所会頭の杉道助氏。ほかにも、安田生命保険相互会社（当時）の会長・竹村吉右衛門氏、サントリーホールディングス株式会社の創業者・鳥井信治郎氏ら、また県知事、市長始め錚々《そうそう》たるメンバーが会員に名を連ねられたのは、ひとえに師匠の人徳によるものと言える。

師匠は決してお金の有無でペコペコしない人やった。中外日報という歴史ある宗教新聞の真渓涙骨《またにるいこつ》社主からも、「三百年に一人出るか出ないかの傑僧」とまで称えられるほどの宗教者だった。わたしはカバン持ちとしてそういう一流の経済人に会い、ずいぶん勉強になった。兜町あたりへも何度も行ったが、先方の社長は必ず玄関まで師匠を見送りに来られていたね。

巨星墜つ

一九七一(昭和四十六)年の正月明けの一月四日、すい臓ガンで京都府立医科大学附属病院に入院されていた師匠が、薬石効なく、自坊慈門庵《じもんあん》で遷化《せんげ》された。享年六十七歳。僧侶としては若いほうだった。

師匠が闘病中、わたしは弁天堂で輪番として行をしている最中で、なかなか山を下りられなかった。長くはないだろうと聞いていたので、兄弟弟子の一人の光永澄道《みつながちょうどう》阿闍梨が、「今の間に見舞いに行っておこう」と誘ってくれたのを機に、夜、横川まで車で行き、そこから歩いて山を下り、二人で師匠が寝ている慈門庵へ行った。

光永澄道阿闍梨と一緒に師匠の枕元でいろいろ話をしたあと、「また来ます」と伝えたら、「おまえは来なくてもいい。行だけをしていたらいい」と師匠から言われた。わたしはその言葉を素直に受け取り、まだ行の最中だったため、その後は見舞いに行くこともせず、臨終のときにも立ち会えなかった。わたしが行けない代わりに一番弟子を病院へ行かせ、「ずっと師匠についておけ!」と指示しておいたから、師匠のそばを離れずに世話をしていたと聞いた。

師匠が「おまえは行だけをしていたらいい」と言われたのは、師匠とわたしとの間の話であって、ほんとうのことは澄道阿闍梨の他は誰も知らない。

わたしは、兄弟子たちから「病状が悪くなった」と電話がかかってくるたびに、水をかぶって修法や大般若理趣分転読を行なって快復を祈った。誰にも話していないけれど、行だけしておくように言われたのは、師匠はそれをなんとなく感じておられたからだと思う。

亡くなられたと知らせが届いたとき、覚悟はしていたとはいえ、心の中にぽっかりと大きな穴が空いた感じだった。まさに巨星墜《お》つ。大きな喪失感のなか、教えられたことをきちんと守っていったらいいのだと自分に言い聞かせ、ひたすら様々な諸尊法の修行に打ち込んだ。そうやって悲しみを払ってきた。

師匠が仕えていた老師が一九六九（昭和四十四）年に亡くなられたときも、わたしは老師のおられた京都の赤山禅院《せきざんぜんいん》に光永澄道阿闍梨とともに山から歩いて行って、枕元で朝まで見守っていた。行者は本来、病人に触れてはいけないのだけども、布団から老師の手や足が出たら、私が布団の中に入れたりして、寝ずの番をしつつ、夜が明けて師匠が早く来られないかと待っていた。兄弟弟子とともに師匠が来られたときには、心からほっとしたな。

転機となった弁天堂の輪番

一九六九年十一月、三十六歳のときに弁天堂の輪番になったのが、坊さんとして大きく変わる転機となった。それまでは管理課（のちの管理部）にいていつも作業着を着て土木工事の現場ばかりを回っていた。衣どころか作務衣を着る機会もなかったから、弁天堂の輪番になり衣を身につけて修法をすることで、やっと僧侶としての第一歩を踏み出したようでうれしかったね。

先に述べたように、その弁天堂の輪番時代、多くの不思議な体験をした。瞑想をしているときに、雲水の格好で錫杖を突いて大蛇（龍神）の背中に乗っている自分の姿を、夢ではなしに、目の前に見たんやね。龍神さまに連れていかれた先の風景もありありと覚えている。大きな池の奥に赤い鳥居があり、大蛇の頭がその鳥居をくぐろうとしていた。わたしはくぐってはいけないと思い、その情景を必死でかき消した。

いったいどこの光景なのか。気になって、方々の龍神様がおられそうなところをあちこち探し、実際に見に行ったりもしたが、どれもあてはまらなかった。ただ、これは一度比叡山を離れなさいという暗示だということは理解できたので、「一度、地方に出たいと思う」と上に相談し、行った先が三重県の湯の山温泉の中にある荒廃した三嶽寺《さんがくじ》だった。

台風による土砂災害に遭った三嶽寺を再興

先にも書いたが、三嶽寺は伝教大師によって八〇七年に創建された古刹で、かつては僧兵たちが集う山岳仏教の拠点だったという。しかし、わたしが一九七三（昭和四十八）年八月に赴任したときは、前年の山崩れで被害を受け、お堂が二つなくなってしまっており、バラック建てのトタン葺きの仮堂と庫裡だけ。庫裡も相当傷んでいた。

それを復興するという名目で三人の弟子を連れて行ってみたのだが、とても人の住める寺ではなかった。愚痴を言っても仕方がなく、そこの再建を任された以上は、コツコツと努力していくしかないと覚悟したな。とはいえ、毎日の食べ物にも不自由するほどの極貧生活。音を上げたくなるわたしの心の支えになったのは、「どんな貧しい寺でも、神仏を拝んでいれば、神仏が生活させてくれる」という師匠の言葉だったんやね。その言葉と神仏の常住実在、そしてそのご威徳・ご加護は必ずあると疑わずに信じたからこそ、弟子とともにがんばれたと思う。

ありがたかったのは、比叡山時代からわたしを信じてくれた多少の信者の方がいたこと、そして、自分なりに行が存分にできたこと。比叡山では自分が行をしたいと思っても、兄弟子がいっぱいいるとなかなかできない場合もある。三嶽寺では、誰にも邪魔されず、自分のペースで修法修行をすることができるのがありがたかったね。先述のとおり、三嶽寺の檀家は一軒だけで、復興の資金を集めるには信者を増やすしかなく、そのための行を始めた。一年百日の行をすれば十人の信者、十年やれば百人の信者ができる。それを基にして寺を再建しようと本尊の薬師如来を始め諸天善神に祈ったが、物の見事に失敗した。

一つには、神仏に対して計算をしたこと。そしてもう一つは、普段なら百八日間、朝と昼は水浴、夕方は香湯浴して大般若理趣分を唱えるところを、人の勧めで金剛般若経を唱えたこと。お経に浮気をしたのが神仏の怒りを買ったのだろうね。

反省して、満行の次の月からすぐに懺悔の行として百八日間の理趣分転読一千八十巻の修行に入ったら、信者が来るわ、来るわ……。たくさんの信者がお参りして寄付をしてくれた。年に一回のご本尊・薬師如来坐像のご開帳時に、お米を入れる封筒を村中に回すのだけれど、お米ではなくお金が集まってきて、少しの余裕が出るようになったね。

三嶽寺で十五年間、行をしながら基金をつくり、寺の復興を果たして、一九八八（昭和六十三）年四月に比叡山に復帰した。この間に、一九八五（昭和六十）年には現自坊の龍珠院を建てたけれど、それもこれも一生懸命仏さまに祈って行をさせていただいた結果だと思っている。自分の力で建てたのではない。人間の力ではとうてい不可能で、神仏の力とそのご加護で建ったのだと思うし、そう信じている。

龍神さまに導かれて善光寺へ

一九八八年四月に比叡山へ帰山後は、根本中堂に始まり、生源寺、大講堂、釈迦堂、横川中堂の輪番を任され、その間に僧侶の教育機関である居士林《こじりん》の行監、叡山文庫長も経験した。慌ただしい日々を過ごすなかで、二〇〇二（平成十四）年六月、思いもかけず善光寺大勧進副住職の話をいただいた。

善光寺のご本尊は、言うまでもなく一光三尊の阿弥陀如来。考えてみると、比叡山にいるときには、弁天堂では弁財天、根本中堂では薬師如来、大講堂では大日如来と弥勒菩薩と十一面観音、釈迦堂では釈迦如来、横川中堂では聖観音菩薩、毘沙門天、不動明王の仏さまを拝ませてもらってきたが、なぜか阿弥陀堂の輪番だけは縁がなくて、阿弥陀さまを拝む機会も一度もなかった。

仏縁を得て善光寺へ副住職で行くことが決まったとき、これはやはり往生するまでに一度は阿弥陀さまを拝めということだなと思ったね。それを祝福するように、赴任した善光寺ではちょうど桜が満開。桜の花びらがはらはらと舞い散るなか、阿弥陀さまを初めて拝んだときはとても感激したね。

それだけではない。善光寺へ行ってみて驚いたのは、弁天堂で白昼に見た、雲水姿で龍神さまに導かれて着いた先が、ほかならぬ善光寺だとわかったことだった。いろいろ探し歩いた末に、最後になってやっとたどり着いたというのは、神仏の差配としか言いようがない。

なぜそれがわかったかというと、こんなことがあったからなんや。わたしがお香を買いに行く道の途中、善光寺の宿坊の一つである、本覚院《ほんがくいん》の前を通るのだが、そこには池らしきものが見当たらないのに、「史跡阿闍梨池」の看板がかかっているのが常々気になっていた。あるときご住職の小林順彦《こばやしじゆんげん》師にその理由を聞いたんやね。すると、昔、善光寺の周辺には七つ池があったらしく、阿闍梨池もその一つだった。小御堂の下のほうに続く龍穴と思われる洞窟のような穴が下に伸びており、静岡県御前崎市にある桜ヶ池に通じているという話だったのや。そして、資料があるからと見せてもらうと、これこそわたしが長い間探し求めていた、弁天堂で見た池に違いないと気づいたわけやね。

その資料によると、

比叡山に皇円《こうえん》（皇圓）阿闍梨という、行にも、学問にも優れ、法然上人を始め多くの弟子を育てていた高僧がおられた。その皇円阿闍梨は、弥勒菩薩がこの世に出てこられるまで生きていたいと思われたが、自分の命がとうていもちそうにないとして、永遠の生命のある龍体に変化して弥勒菩薩の出現を待つことにし、多くの弟子を全国に派遣して龍蛇となった自分が棲むべきところを探させた。

すると、一人の弟子から連絡があり、遠州（静岡県）にある桜ヶ池が大きくてきれいな水を満々とたたえており、そこなら龍も住めそうだという。知らせがありそれを聞いた皇円阿闍梨はたちまち龍体に変化、雲に乗って、風雨とともに雷鳴をとどろかせながら、比叡山から桜ヶ池に入られた。

その後、竜姿の阿闍梨は善光寺に飛来し、阿弥陀如来を拝したあと、西門にある沼（池）に消えたため、阿闍梨池と呼ばれるようになった。

とあった。法然上人、親鸞聖人もこの池に参詣し、読経供養をしたと伝わる。

今は穴しか残っていないとはいえ、そこが桜ヶ池と通じ合っていると聞いて、それはぜひお参りに行かなければと御前崎市の桜ヶ池まで出かけたら、まさしく弁天堂で見た光景が広がっていた。善光寺へ行かなければ絶対にわからなかったことで、仏縁で善光寺に来たのもこのためではなかったのかと感じた。「ああ、そうか。弁天さまはわたしに善光寺へ行って、阿弥陀さまを拝むようにと言われていたのか」と改めて強く思ったね。

一生に一度は善光寺参り

善光寺について、少しふれておこう。

あまり知られていないが、善光寺には、もともと東西南北にそれぞれに門と寺号があった。東には光明遍照門《こうみょうへんじょうもん》、定額山《じょうがくさん》善光寺。西に念佛衆生門《ねんぶつしゅじょうもん》、不捨山浄土寺《ふしゃさんじょうどじ》。南は十方世界門《じっぽうせかいもん》、南命山《なんめいざん》無量寿寺《むりょうじゅじ》。北は摂取不捨門《せっしゅふしゃもん》、北空山雲上寺《ほっくうざんうんじょうじ》だったという。その後、歴史的な流れの中で、東の定額山善光寺の呼称だけが残り、今の形になった。これは、大勧進の宝物館の中の掛軸を見て初めて知った。

この寺は「遠くとも一度は詣れ善光寺　救いたもうは弥陀の誓願」と古くから人々の間で御詠歌《ごえいか》にまで歌い継がれてきたように、一生に一度でいいから善光寺の阿弥陀さまにお参りすると極楽往生が約束されると信じられてきた、ありがたいお寺なんやね。

ご本尊の一光三尊阿弥陀如来がインドから朝鮮半島の百済《くだら》を経て、日本へ渡ってこられたのが、六世紀の半ば。日本最古の仏像と言われている。普通の阿弥陀さまとは全く形が違って、一つの光背《こうはい》の中に、阿弥陀如来を中央に、向かって右側に観音菩薩、左側に勢至《せいし》菩薩がお立ちになっている一光三尊の仏さま。絶対秘仏にせよというご本尊自身の命令で、いつのころからかその姿を拝めなくなった。未だにそれは厳守されていて、大勧進貫主で善光寺住職のわたしでも拝観することは絶対許されないし、実際に拝礼したことがない。ただし、一年に一回、十二月二十八日の煤《すす》払いの日に、白布でぐるぐる巻きにしたご本尊の入っているお厨子《ずし》（箱）を背負い、おられることを確認する儀式だけはする。大人五、六人が抱えてやっと持ち上げられるほどだから、そうとうな重量であろうと想像ができるね。

その秘仏の代わりに鎌倉時代につくられたのが、今の御前立《おまえだち》（分身）の一光三尊阿弥陀如来像（重要文化財）。こちらは、六年（数え年で七年）に一度の御開帳時に一般公開されている。御前立阿弥陀如来さまの手と回向柱を「善の綱」と呼ばれるひもでつなげ、その回向柱に触れると直接阿弥陀如来さまと結縁したことになり、願をかなえてくれると言われている。前回の二〇一五（平成二十七）年の御開帳のときは、北陸新幹線が金沢まで延長された効果もあってか、二カ月で約七百万人以上の参拝者が訪れる盛況だった。大きな行事がない年でも、善光寺には年間六百万人が参詣し、山門付近はいつも人でいっぱい。ちょうど東京浅草の浅草寺の雷門と仲見世みたいな感じゃね。次回の御開帳は、新型コロナウイルスの感染が終息しない状況をうけ、延期になっており、二〇二二（令和四）年の予定とされている。

阿弥陀さまと言うと、浄土宗・浄土真宗の仏さまと思い込んでいる人が多いようだが、そういうわけではない。阿弥陀信仰を日本へ持ってきたのは伝教大師の弟子の慈覚《じかく》大師（円仁）で、もともとは天台宗で始まったもの。その後、元三大師（良源）の弟子で横川の恵心僧都《えしんそうず》（源信）が念仏を始め、それが法然上人、親鸞上人に受け継がれていったわけで、天台宗と阿弥陀如来とは決して無縁ではない。

恵心僧都という比叡山のお坊さんの『念仏宝語』には、「人間はどんなに一生懸命がんばってもどうしようもないもの。いざ往生するときには、一遍でも阿弥陀さまを信じて念仏を唱えれば成仏できる」という趣旨のことが書いてある。人間は、無欲にはなれない。所詮、人間は人間だということではないかな。しかし本当に最後の最後には極楽浄土に往生したいと思うのであれば、阿弥陀如来を心の底から信じて、一度でもよいから念仏すれば、必ず往生させていただけるということやと思う。一身を神仏の御心に託すということではないかな。

善光寺は阿弥陀さまの霊地であり、どういう宗派の信者であろうと、庶民が気兼ねなく、阿弥陀さまを慕ってお参りできるところ。だからわたしは、「善光寺は何宗でもない。全宗だ」と思っている。わたしの田舎でも、極楽往生を願って一度はお参りしたいという声は多い。お寺では善光寺、神社では伊勢神宮へは一生に一度は行っておくべきところとの思いは、東北では特に根強くあったと思うね。

善光寺大勧進の貫主になる

善光寺は比叡山延暦寺を本山とする天台宗と、京都知恩院を総本山とする浄土宗の二つの宗旨が一つの寺を管理するという、珍しい形態の寺院で、寺内寺院として天台宗の大勧進と浄土宗の大本願があり、また、それぞれに二十五院と十四坊の宿坊がある。大勧進のトップを貫主《かんす》、大本願のトップを上人《しょうにん》と言い、両者が善光寺の住職を兼ねる。ちなみに、大本願は尼寺で、尼僧が上人に就く。

二〇〇二（平成十四）年に善光寺大勧進の副住職に就任したわたしは、善光寺を阿弥陀さまのおられる聖地と思って毎年精いっぱいお勤めをしてきたところ、十六年目の二〇一八（平成三十）年五月一日付で天台座主猊下から大勧進貫主の辞令をいただいた。数えて第百三世にあたる。正直に言って、想像もしていなかった。

思わぬ結果にいちばん驚いているのはわたし自身。「貫主になってどういう心境ですか？」と聞かれても、「わたしは何にも変わってない。帽子が変わったみたいなの」というのが素直な気持ちやね。副住職を長いこと務めてきて、新たに肩書き（帽子）が変わっただけで、わたしという人間は少しも変わっていない。そこを勘違いして、自分は偉いのだと思ってはいけないと常に自らを戒めている。

就任した以上は自分に与えられた役割を精いっぱい果たして、善光寺の発展興隆と参詣者、檀信徒の幸せを願って阿弥陀如来に祈りつづけたいと思っている。

祈りを込めて数珠加持

わたしは普段は大勧進の自分の部屋で暮らしており、早朝四時に起きて、まず、応接間で少なくとも約一時間、聖徳太子を中心に各仏教宗祖を描いた掛け軸の前で拝み、その後、阿弥陀如来を始め諸天善神の真言を何千回と唱える。次いで、朝事《あさじ》（勤行）の時間が来たら、大勧進から善光寺本堂へ出仕して、五時半にはお堂に上がる（ただし、季節によって時間が変更される）。わたしら天台宗が法要番のときは、定式と言って、仏さまの前でやるべき作法を行い、それが終わったあと、再度瑠璃壇《るりだん》に入って法華経を読むことになる。法要番のほかに回向番があり、このときは定式後に下壇に上がって、お参りに来た人の申し込みの回向をする。これを天台宗と浄土宗が一日交替でやるのやね。

ちなみに、善光寺の本堂は間口約二十四メートル、奥行約五十四メートル、高さ約二十九メートルという国内有数の木造建築で、T字型の棟の形が鐘を叩く撞木《しゆもく》に似ていることから「撞木造り」とも呼ばれ、国宝に指定されている。

回向の人数にもよるけれど、朝事が終わるのが七時半か八時ごろ。大勧進に戻ってからは、法要や行事のないときは自分の部屋でお勤めを行なっている。わたしは「仏さまはおられる」と信じているから、午前か午後の時間のあるとき、信者の顔を頭に浮かべながら幸せを願い、大般若理趣分を唱えている。

毎朝の朝事（勤行）のために導師として本堂へ向かうときには、早朝にもかかわらず参詣者がすでに参道に並んでひざまずき、手を合わせて待っておられる。その一人ひとりの頭に、わたしが手にする数珠の親玉（本尊）を当て、一人ひとりに念仏を唱え、功徳を授けていく行為を〝数珠加持〟とも、〝お数珠頂戴〟ともいう。その数珠によって参詣者の穢《けが》れを祓い、清らかにして浄土へ導くためのもので、わたしはそのために、朝事などで実際に手法に使う数珠と、加持用の装束数珠との二つを持っている。善光寺では、一年三百六十五日一日も欠かさず行われる朝の伝統行事で、お数珠をいただくために毎朝通ってくる熱心な信者もおられるほどだ。

わたしはあくまでも自分の道だと思い、必ず阿弥陀さまのご威徳・ご加護があると信じ、一人ずつ願いを込めて、南無阿弥陀仏を唱えつつ数珠を頭にあてるようにしている。相手が子どもだったら、「すくすく育つように、南無阿弥陀仏」、お年寄りだったら、「病気せず長生きするように、南無阿弥陀仏」。少しでもその人たちが良くなれば、わたしも幸せな気持ちになれるね。

わたしはご縁をいただき、善光寺の阿弥陀さまにお会いできたことは、ほんとうにありがたいことだと感謝しつつ、毎日のお勤めに精進させて頂いている。

〈著者略歴〉
瀧口宥誠（たきぐち　ゆうじょう）
1933年、山形県天童市生まれ。1954年、比叡山高校を卒業。1956年、叡山学院研究科卒業。比叡山無動寺弁天堂の輪番を経て、三重県三嶽寺の住職に。その後、比叡山に帰り諸本堂の輪番を務める。2002年から信州善光寺の副住職。2018年、善光寺大勧進第103世貫主に就任。天台宗大僧正。

装　　幀——本澤博子
写真撮影——田中和良
編集協力——株式会社フェイ
　　　　　　株式会社ワード

人のために生きればいい

2021年1月21日　第1版第1刷発行

著　者　瀧口宥誠
発行者　岡　修平
発行所　株式会社ＰＨＰエディターズ・グループ
〒135-0061　江東区豊洲5-6-52
☎03-6204-2931
http://www.peg.co.jp/
発売元　株式会社ＰＨＰ研究所
東京本部　〒135-8137　江東区豊洲5-6-52
普及部　☎03-3520-9630
京都本部　〒601-8411　京都市南区西九条北ノ内町11
PHP INTERFACE　https://www.php.co.jp/
印刷所
製本所　図書印刷株式会社

ISBN978-4-569-84842-6